빅또르 최의 삶과 음악

태양이라는 이름의 별

일러두기

* 러시아어 인명과 지명의 표기에 있어 러시아어의 원 발음에 최대한 가깝게 표기하는 것을 원칙으로 하되 일부의 경우 해당 고유명사의 철자를 유추할 수 있는 표기법을 절충하여 적는다. 구체적인 사항은 다음과 같다.

1. 원 발음에 충실하여 경음의 사용을 원칙으로 한다.

   실례: Москва(Moskva) 모스끄바

2. 모음의 경우 발음보다 표기를 우선으로 한다.

   실례: Москва(Moskva) 모스끄바 (원 발음은 '마스끄바')

3. 표준국어대사전에 등재되어 관용적으로 사용되는 지명 및 인명 가운데 일부는 등재된 표기에 준한다.

   실례: совет(soviet) 소비에트, Сибирь(Sibir') 시베리아

4. 모음 ы는 국어의 '의'와는 달리 항상 자음 뒤에 사용되어 대부분의 경우 국어에서 쓰지 않는 표기 조합을 만들어내므로 모두 '으이'로 풀어 쓴다.

   실례: Крым(Krym) 끄르임(원 발음은 '끄림')

5. к, т, п, ф가 단어 끝에 오는 경우 각각 '크', '트', '프', '프'로 적는다. 단, в로 끝나는 인명 및 지명은 관용적 사용에 준해 '프'로 적는다.

   실례: Владивосток(Vladivostok) 블라지보스또크, Горбачёв(Gorbachev) 고르바초프

6. ф(в), п(б)는 무성 자음 앞에서 앞 음절의 받침으로 적는다.

   실례: Хабаровск(Khabarovsk) 하바롭스크, Достоевский(Dostoevskii) 도스또옙스끼

7. 구개음화가 일어나는 경우 원 발음에 준한다.

   실례: Петербург(Peterburg) 뻬쩨르부르그, Володя(Volodia) 볼로쟈

** 이 책에서 인용된 부호는 다음과 같다.

1. 「 」: 앨범명
2. 〈 〉: 곡명
3. ' ': 그룹명
4. ≪ ≫: 영화 제목

빅또르 최의 삶과 음악
태양이라는 이름의 별

Звезда по имени Солнце

뿌쉬낀하우스

서문을 대신하여

　러시아에서 록 음악은 어떤 의미를 갖는가? 영국이나 미국의 유명 로커가 아니고 왜 빅또르 최인가? 빅또르 최에 대한 우리의 관심은 단지 한민족이라는 혈통적 친밀감에 머무는 것인가? 러시아에서 벌어지고 있는 빅또르 최 현상을 목격하다 보면 이런 질문들이 뒤따르게 된다. 28살의 젊은 나이에 자동차 사고로 사망한 지 벌써 20년이 넘는 시간이 지났지만 러시아에서 빅또르 최에 대한 열기는 조금도 식지 않고 있다. 많은 러시아인들은 여전히 빅또르의 죽음을 믿지 않는다고 신앙처럼 고백하고, 빅또르의 후예들은 '빅또르는 살아있다'고 낙서된 아르바뜨의 거리에서 오늘도 노래하고 있다. 러시아 문학사에는 그의 공연사진과 창작세계가 소개되고 있으며 대학에서는 그에 관한 학술 논문들을 연이어 발표되고 있다. 러시아에서의 빅또르 최에 대한 이런 열광은 현대 러시아 대중문화 속에 나타나는 가장 신비롭고 특이한 현상이기도 하다. 하지만 그 문화적 조건과 의미를 알지 못하고는 러시아에서의 빅또르 현상을 결코 이해할 수 없다.

1970년대 후반부터 1980년대 중반까지 소비에트 러시아에서 록 음악은 다른 나라와는 달리 외부문화가 차단된 척박한 풍토 속에서 싹을 틔웠다. 당시 소비에트 러시아에서는 집단주의 문화만이 당국으로부터 인정받고 개인주의 문화나 대중문화는 배척되는 상황이었다. 그래서 소비에트 러시아의 로커들은 영미 중심의 로커들과는 전혀 다른 험난한 길을 걸어야 했으며 그 사회적 의미와 영향도 전혀 다르게 나타났다. 소비에트 러시아에서 록 음악은 단지 서구에서 들어온 대중문화가 아니라 사회적 입장을 표명하는 의사 표현의 한 방식이었다. 또한 개인주의와 자유를 외치는 젊은이들의 외침이자 문화운동적 성격으로 나타났다. 당시 소비에트 러시아에서는 사회주의 체제와 기강이 조금씩 흔들리기는 했지만 반체제인사로 낙인찍히면 재판에 회부되거나 활동이 정지되는 일이 여전히 반복되었다. 하지만 그런 사회적 긴장은 점점 느슨해지고 도처에 균열이 생기기 시작했다. 그 틈을 비집고 일부 젊은이들이 1960년대 이후의 음유시인들의 사회적 비판에 귀 기울이다가 서구문화에 눈을 돌리기 시작했다. 그들은 해외출장을 다녀올 수 있는 고위관료의 자식들이거나 '미국의 소리' 등 외국의 라디오 방송을 열심히 청취하던 젊은 세대였다. 그 젊은이들은 서구의 히피문화와 록 음악을 받아들이면서 사회주의 이데올로기로부터 점점 이탈해갔다. 그들은 록 음악을 통해서 개인적 자유와 사회적 정체성을 찾으려 했고 68운동에서 촉발된 세계청년문화의 흐름에 합류하려고 했다.

　소비에트 러시아의 젊은 세대가 서구의 록 음악을 향유하던 초기 단계부터 소비에트 당국은 그들이 극단적인 사회문제를 일으키지 않는 한 적극적인 대응을 자제했다. 어느 정도 통제를 가하기는 했지만 록 음악이 젊은 세대 사이에서 이미 거스를 수 없는 흐름이 된 이상 최대한의 인내와 관용으로 주시했다. 서구문화의 대중적 확산을 차단하기 위해 소비에트 당국이 내린 조치는 단지 텔레비전이나 라디오에서 록 공연을 허용하지 않는 정도였다. 그래서 록 음악은 공식문화도 아니고 비공식문화도 아닌 반(半)공식적 언더그라운드 문화의 위치에 놓였다. 하지만 당시 록 음악에 열중하던 소비에트 젊은이들에게 주어진 음악적 환경은 너무 열악했다. 그들이 구할 수 있는 악기는 어쿠스틱 기타 정도였으며 전자 기타나 리듬 박스, 전자 오르간 등의 전자악기를 구할 수 있는 방법은 너무 막막했다. 개인 아파트에 차려놓은 녹음실 기계도 낡았으며 음악활동이 보장된 공연장이라고 해야 개인아파트에 작은 무대를 꾸미는 게 전부였다. 또 로커는 사회적으로 인정받는 직업도 아니었기 때문에 '사회의 기생충'으로 낙인찍히지 않으려면 다른 직업에 종사하지 않을 수 없었다. 뿐만 아니라 록 음악을 통해서는 생계를 유지할 가능성도 없었고, 음악인으로서의 명성을 얻을 수도 없었다. 단지 그 젊은이들은 자신들의 음악적 실험에 열정을 쏟을 뿐이었다.

　러시아 록 음악에서 가장 주목해야할 특징은 수많은 록 그룹들이 1960년대의 음유시인들의 문학적 전통을 계승했다는 점이다. 창작노래시인들이라고도 불리는 현대의 음유시인들은 자신들의 사회비판적 서정시를 기타 반주에 맞추어 발라드 풍으로 노래하거나 소위 카세트 녹음 형식으로 은밀히 유포시켰다. 출판사나 음반사가 모두 국가의 독점체제로 운영되었기 때문에 어쩔 수 없는 선택이었다. 음유시인들은 비공식문화 활동과 불법적 유통경로를 이용했다는 점에서 로커들에게 언더그라운드 문화의 선배격인 셈이다. 이 음유시인들은 반 스탈린주의를 서정적으로 노래한 오꾸자바 계열, 사회주의의 내부 모순을 강렬하게 비판한 브이소쯔끼 계열, 사회풍자적 경향의 베르찐스끼 계열 등 세 가지로 나뉘는데, 빅또르 최는 그중에서도 베르찐스끼의 계열에 속한다고 할 수 있다. 빅또르 최를 포함한 많은 로커들과 대다수의 록 그룹들은 음유시인들로부터 문학적 전통도 물려받았다. 그들의 노래는 단순히 대중음악의 가사가 아니라 선율에 실은 서정시에 다름 아니었다. 빅또르 최의 록 음악은 이런 배경들 속에서 탄생했다.

 빅또르 최의 음악은 하드 록에서 출발하여 펑크 록, 뉴 웨이브 등을 거쳐 마침내 자기만의 독창적인 음악세계를 구축했다. 록 시(詩)로 평가받는 그의 노랫말 역시 러시아의 문학적 전통을 계승하고 있다. 불과 십년도 안 되는 짧은 창작기간 중에서 초기 그의 정신세계는 신낭만주의의 문학적 특성을 소비에트적 현실 속에서 잘 보여주었다. 그는 마치 낭만주의 시인들이 그랬던 것처럼 록 시(詩)라는 형식 속에 소비에트 사회를 겉도는 자기 자신 혹은 주변 인물들의 일상과 이미지를 통해 젊은 세대의 좌절과 절망, 사랑과 분노를 표출시켰다. 그래서 그가 구사하는 언어는 동시대를 살아간

소비에트 젊은이들이 아니고는 이해하기 힘든 소박한 생활철학이 녹아있다. 하지만 그때까지 빅또르는 언더그라운드 음악계에서나 약간의 지명도가 있었을 뿐 대중적 명성을 얻지는 못했다. 그러다가 1985년에 이르자 빅또르는 세계적 흐름에 주목하면서 시대의 변화를 읽어내기 시작했다. 그의 새로운 노래들은 폐쇄된 소비에트 사회의 변화를 촉구했고 젊은 세대의 열망을 담아 반전주의와 비핵평화운동을 담아냈다. 그는 지는 해를 속절없이 바라볼 수밖에 없는 소비에트 사람들처럼 암울하고 슬픔 가득한 감정으로 자신의 노래들을 차분하게 노래했다. 우수에 찬 그의 목소리와 노랫말은 샤만의 주술처럼 비로소 전체 소비에트 사람들의 가슴에 파고들기 시작했다. '끼노마니야'라는 열광적인 빅또르 신봉자들이 등장한 것도 바로 이때부터였다. 러시아 현대 문화의 역사 속에서 빅또르만큼 대중적으로 큰 영향력을 미친 인물도 또 그토록 열광적인 호응을 받은 인물도 거의 없었다. 자신도 모르는 사이에 빅또르는 뻬레스뜨로이까 시대의 상징적 인물이 된 것이다. 고르바초프가 탈 이데올로기 시대 세계정치의 상징이라면 빅또르 최는 변화의 시대 러시아 문화계의 영웅이 된 것이다. 하지만 대중적 인기가 절정에 달하는 순간 빅또르는 예기치 못한 교통사고로 생을 마감하고 말았다. 그럼에도 불구하고 마지막 영웅 빅또르의 신화는 오늘도 계속되고 있다.

  마지막으로 빅또르 최의 전기를 쓰는 작업은 결코 쉽지 않았음을 고백하는 바이다. 빅또르와 일면식도 없으면서 마치 그의 생활과 생각을 들여다보듯 쓴다는 것은 용납하기 힘들었다. 그래서 흩어진 빅또르의 자료를 수집하고 정리해서 사실에 근거한 일면들만 다루었다. 수집된 자료들은 때로는 연도가 부정확한 것도 많아서 재차 확인 작업을 벌여야 했다. 이 책에 소개된 빅또르의 작품들은 '끼노' 그룹의 공식앨범에 발표된 작품들이다. 앨범의 특성상 제목을 수정해서 발표된 작품들은 생략했다.

2012년 6월 11일 이대우

차례 *contents*

서문을 대신하여

section 1 빅또르 최의 삶

유년시절 _ 17

밴드에 발을 내딛다 _ 22

첫번째 시련 _ 27

로커가 되다 _ 32

그룹 '가린과 쌍곡면' _ 39

그룹 '끼노'의 탄생 _ 44

오로지 음악의 길로 _ 50

변화의 아이콘 _ 57

록 스타에서 은막의 스타로 _ 63

황금기를 맞다. 그러나... _ 68

마지막 영웅의 죽음 _ 74

'끼노', 그 이후 _ 79

태양이라는 이름의 **별**

section 2 빅또르 최의 음악

45 _ 84

시간은 있는데 돈이 없구나 | 넌 그냥 궁금하겠지
알루미늄 오이 | 햇살 가득한 날 | 백수건달
백수건달 2 | 교외선 | 8학년 여학생 | 나의 친구들
시타르 연주소리가 들려왔어 | 나무
언젠가 당신은 비트니끼였죠 | 부엌에서
나는 아스팔트

깜차뜨까의 지도원 _ 102

마지막 영웅 | 매일 밤 | 신경안정제
새 노래의 주제 | 손님 | 깜차뜨까 | 전기버스
눈이 그치게 해 주세요 | 우리를 위해 내리는 비
너와 함께 하고파 | 장군 | 낭만주의자의 나들이

이건 사랑이 아니야 _ 120

이건 사랑이 아니야 | 봄 | 떠나버려 | 도시
이것이 사랑이야 | 싸샤 | 건물 안마당 아이들
파도의 노래 | 비핵지대

밤 _ 134

우린 밤을 보았어 | 영화 | 유리벽 속의 인생
엄마는 무정부상태 | 별들은 여기 머물겠지 | 게임
우린 춤추고 싶어

혈액형 _ 146

혈액형 | 문 닫아줘, 집 나갈 거야 | 전쟁
엄마, 우린 모두 미쳤어요 | 우리 눈에는 | 행인
우리는 다음 행동을 취하겠어 | 전설

태양이라는 이름의 별 _ 158

가사 없는 노래 | 태양이라는 이름의 별 | 낯선 이야기 | 일보전진
담배 한 갑 | 슬픔 | 4월 | 노크

검은 앨범 _ 172

여름 | 뻐꾸기 | 너의 여자 친구가 아플 때
여름이 끝나가네 | 허락해줘 | 소년
바닷가의 소나무숲 | 개미떼 | 나와 함께 노래해봐

그 밖의 노래들 _ 188

나는 변화를 원해 | 나는 사람들 속에 있어
사랑은 농담이 아니야 | 나는 거리를 활보해
바로 지금! | 십분 전 | 새가 되어봐 | 열대우림
나는 보일러공이 되고 싶어 | 너는 나한테

section 1

빅또르 최의 삶

유년시절

 빅또르 최는 1962년 6월 21일 레닌그라드(현 쌍트 뻬쩨르부르그)에서 태어났다. 그는 교통사고로 28세의 짧은 생을 마치는 동안 가수, 작곡가, 시인, 화가, 연주자, 영화배우, 보일러공이라는 다양한 직업을 거쳤다. 소련이 붕괴하는 시기에 그가 부른 독창적인 노래는 러시아인들뿐 아니라 전 세계인들을 감동시켰고 그의 활동은 러시아 문화사에 커다란 흔적을 남기기도 했다. 그래서 오늘날에도 많은 러시아인들은 빅또르의 죽음을 받아들이지 않고 그의 노래 속에서 그의 존재를 믿고 있다. 최근 수십 년 사이에 빅또르 같은 문화 현상을 만들어낸 인물은 러시아에 별로 눈에 띄지 않는다. 게다가 빅또르에게는 '최'씨 성을 물려받은 한국인의 피가 흐른다는 점에서 더 흥미롭고 호기심이 가기도 한다. 빅또르에 대한 이야기를 하기 전에 우리는 잠시 그의 집안 내력에 대한 이야기부터 먼저 풀어가도록 하자.

그의 할아버지는 원주 최씨 집안 출신으로 구한말에 극동지역으로 이민한 이주고려인이다. 한국 이름으로는 최승준이며 러시아에서는 막심 막시모비치로 불렸다. 호칭에 아버지 이름을 함께 사용하는 러시아적 전통을 고려하면 빅토르의 할아버지 최승준은 아마도 부모와 함께 블라지보스토크 지역으로 이민했던 것으로 추측된다. 최승준은 1937년 스딸린의 소수민족정책으로 까자흐스딴 끄즈일 오르다 시로 강제이주 당하고 말았다. 당시 끄즈일 오르다 시에는 수만 명의 고려인*들이 빈손으로 버려졌다. 그러나 고려인들은 그 척박한 땅에 마을을 세우고 대학을 설립했다. 최승준은 극동에서 끄즐일 오르다 시로 이주한 고려인사범대학을 졸업할 만큼 교육열이 높은 사람이었다.

최승준은 슬하에 4남 1녀를 두었는데 둘째아들 로베르뜨가 빅토르의 아버지가 된다. 최승준은 자식들을 모두 고등교육을 받게 했는데 그 덕분에 첫째 유리는 모스끄바 군수공장에서, 둘째 로베르뜨는 레닌그라드에서, 셋째 레오니드는 뽀똘스크 시에서, 넷째 레프는 끄즈일 오르다에서 각각 좋은 직장을 구할 수 있었다. 그러나 그런 시대가 오기까지는 모든 고려인들과 마찬가지로 최승준의 가족들도 강제이주를 당한 고려인의 아픔을 겪어야 했다. 강제이주 당시 소련에 거주하는 고려인들은 교육과 병역의 의무조차 질 수 없는 수상한(일본군 스파이로 의심받는) 이방인들에 지나지 않았기 때문이다. 그러나 아버지의 뜨거운 교육열에 힘입어 둘째 로베르뜨도 대학을 마치고 엔지니어가 되었다. 1960년대 초반 소련에서는

---

* 구 소련 지역에 사는 한인들은 남한과 북한에 대한 균형자적 입장을 유지하기 위해 자신들을 그렇게 부른다.

스딸린이 사망한 후에 사회적 긴장이 완화된 해빙의 바람이 불고 있었다. 반스딸린 정책을 내세운 후루쇼프 서기장은 고려인을 포함해 소련 내 소수민족들의 인권을 보호하는 유화정책으로 민심을 달랬다. 로베르뜨나 유리가 황량한 까자흐스딴을 벗어나 레닌그라드나 모스끄바에서 직장을 구할 수 있었던 것도 그런 시대의 변화 덕택이었다.

레닌그라드에서 젊은 로베르뜨는 그곳 출신인 백계 러시아 여성 발렌찌나 바실리예브나를 만났다. 물론 로베르뜨에게도 다른 민족과 피를 섞지 않으려는 고려인 고유의 순혈주의가 강하게 남아있었다. 하지만 레닌그라드에서 로베르뜨로서는 젊은 고려인 여성을 만날 수 없었다. 당시 소련에서는 거주지 선택의 자유가 없었기 때문에 레닌그라드에는 고려인들이 거의 살지 않았다. 그런 까닭에 당시 고려인으로서는 매우 이례적으로 로베르뜨는 러시아 여성과 결혼했고(첫째 유리도 모스끄바에서 러시아 여인과 결혼했다) 슬하에 빅토르 최 하나를 두었다.

러시아어가 서툰 아버지와 금발의 러시아계 어머니, 그리고 검은 머리의 아들 빅또르… 빅또르 가족의 모습은 러시아인들의 눈에 낯설었고 도저히 어울릴 것 같지 않은 불협화음으로 비춰졌다. 그러나 꾸즈네쫍스까야 거리에 허름하긴 하지만 꽤나 널찍한 세 칸짜리 아파트에 둥지를 틀었다. 많은 소련인들이 공동주택에 살던 시절이고 보면 로베르뜨로서는 행운이었다. 그런 어린 시절의 빅또르는 풍요롭지는 않았지만 언제나 행복했다.

소년시절 빅또르는 보통 아이들과 조금도 다를 바가 없었다. 레닌그라드라는 대도시에서 까만 머리, 까만 눈의 동양계 소년으로 살아가는 것이 견디기 힘들었는지 혹은 과묵한 아버지의 영향을 받은 탓인지 빅또르는 오히려 말수가 적고 얌전하며 조심스럽기까지 했다. 그렇다고 특별한 예술적 재능을 가진 것처럼 보이지도 않았다. 다만 교사생활을 하던 어머니의 영향으로 어려서부터 독서에 취미를 붙인 것이 그나마 다른 아이들과 다르다면 다른 점이었다. 빅또르의 부모는 그를 개방적이면서도 엄격하게 교육시켰다. 빅또르의 부모는 빅또르가 하나뿐인 외아들이긴 했지만 그렇다고 유별난 인물로 키울 욕심도 갖지 않았다. 그런 욕심은 이미 평등사회를 실현한 소련에서는 부질없는 짓이라고 생각했다. 다만 위대한 인물들의 삶을 통해 어린 빅또르가 스스로 재능을 발견하고 자신의 꿈을 찾아갈 수 있도록 많은 위인전을 읽혔다. 그 덕분이었을까, 빅또르는 평생 책을 가까이했고 성인이 된 후에는 책에서 얻은 지식과 예술적 감수성을 평생의 자산으로 삼게 되었다.

7살이 되던 1969년에 빅또르는 어머니 발렌찌나가 체육교사로 일하던 학교에 입학했다. 그로부터 빅또르는 8학년 졸업반*이 될 때까지 어머니와 함께 학교를 세 번이나 옮겨 다녀야 했다. 착실한 모범생이던 빅또르는 3학년까지는 성적이 꽤나 좋은 편이었다. 그러나 빅또르가 4학년이 될 무렵 어머니는 그리보예도프 운하 부근에 위치한 미술학교로 근무지를 옮기면서 빅또르도 함께 전학하게 되었다.

미술학교에 다니면서 빅또르는 그림을 그리고 조각을 만들었다. 그러나 충동적인 성격에 끈기도 부족한 아이들이 그렇듯이 빅또르도 마음이 내키면 그림을 열심히 그렸지만, 그렇지 않으면 캔버스 앞에 억지로

---

* 소련의 학제는 대학진학을 하지 않고 직업전문대학에 진학하는 학생들에게 8년간의 의무교육을 시킨다.

앉아있지 않았다. 그러던 어느 날 빅또르는 부모와 함께 모스끄바를 방문하게 되었다. 그리고 그의 첫 모스끄바 방문은 빅또르의 인생에 중요한 전환점이 되었다. 모스끄바에 도착한 빅또르는 가장 먼저 뜨레찌야꼬프 미술관으로 달려갔다. 레닌그라드에도 에르미따쥬라는 세계적인 박물관이 있었기 때문에 모스끄바 미술관에 대한 빅또르의 관심은 뜻밖이었다. 그리스 로마 시대의 동상과 조각들로부터 러시아의 이콘화들, 이탈리아 르네상스 그림들, 프랑스 인상파 작품들이 뜨레찌야꼬프 미술관 회랑에 가득했다. 그 놀랍고 아름다운 광경에 도취한 어린 빅또르는 진심으로 화가가 되고 싶은 충동에 사로잡혔다. 1988년 뉴욕에서 개최되는 '레닌그라드 현대화가전'에 초대되어 10점의 작품을 출품한 미래의 화가 빅또르 최의 인생이 정해지는 순간이었다. 화가의 삶을 살고 싶다는 마음의 결정은 순간적인 것이었지만 미술에 대한 그의 열정은 평생 계속되었다. 훗날 바쁜 음악 활동을 하는 동안에도 빅또르는 그림 작업을 계속했으며 음반제작에 들어갈 삽화나 디자인도 모두 직접 해결했다.

모스끄바에 다녀온 이후 빅또르는 다른 어떤 과목보다도 미술 시간에 적극적으로 참여하기 시작했다. 그리고 미술에 대한 그의 애정과 관심은 점점 남다른 재능으로 발전했다. 빅또르는 틈만 나면 그림과 조각에 몰두했다. 하지만 빅또르에게 미술학교 생활이 그리 순조로운 것만은 아니었다. 빅또르는 학과목 중에서도 문학 과목에는 열의를 보였지만 과학이나 수학 과목에는 전혀 관심을 기울이지 않았다. 동급생들과 친해지면서 학교도 하루 걸러서 출석하며 학업을 게을리 하기 시작했다. 학교에서 그의 성적은 점점 추락했고 생활도 무질서해져갔다.

밴드에 발을 내딛다

미술학교로 전학한 후 빅또르의 학교생활은 엉망진창이었는데, 그 원인을 제공한 사람은 동급생 막심 빠쉬꼬프였다. 빠쉬꼬프는 미술학교 시절 빅또르가 가장 친하게 지낸 친구이기도 했다. 학교생활이 익숙해지고 동급생들 사이에 어느 정도 서먹서먹한 감정이 누그러질 즈음이었다. 하루는 빠쉬꼬프가 빅또르를 꼬드겨서 학교수업을 빼먹고 함께 자기 집으로 갔다. 그리고 손때 묻은 어쿠스틱 기타를 가져와서는 빅또르 앞에서 노래를 부르기 시작했다. 그 노래는 빅또르가 12살이 되도록 한 번도 들어본 적 없는 이상한 영어 노래였다. 빅또르가 알고 있는 노래라고 해봐야 부엌에 붙은 라디오나 녹음기에서 주워 듣던 보야르스끼나 브이소쯔끼가 전부였다. 그런 빅또르 앞에서 빠쉬꼬프는 특유의 고음으로 목청껏

빽빽거렸고 그의 손가락은 기타 위에서 자유자재로 춤을 추었다. 예술적 감수성이 풍부한 빅토르는 적잖은 충격을 받았다. 그 음악이 준 충격은 몇 년 전 뜨레찌야꼬프 미술관의 그림들로부터 받았던 것 이상이었다. 빅토르는 단숨에 그 낯설고 생소한 음악에 마음을 빼앗겼다. 빠쉬꼬프가 불렀던 노래는 냉전시대의 소련에서는 좀처럼 듣기 힘든 블랙 사바스의 하드 록이었다. 1970년대 말이나 되어야 소련에 처음으로 실험적 록 그룹이 등장한다는 점을 고려할 때 어린 빠쉬꼬프의 음악적 모험은 실로 놀라운 것이었다. 서구의 록 음악이 철저히 통제된 사회였지만 소련 도처에서는 그렇게 미래의 젊은 로커들이 비상의 날개를 준비하고 있었다.

  얼마 후 빅토르는 빠쉬꼬프와 함께 음악활동을 하기로 하고 밴드를 결성했다. 그는 새로운 취미활동을 하나쯤 하는 것도 나쁘지 않다고 생각했다. 빅토르와 빠쉬꼬프의 2인조 밴드는 친구들 사이의 엉성한 모임이어서 처음에는 이름도 정하지 못하고 있었다. 그런데 가벼운 마음으로 시작한 이 밴드는 결과적으로 빅토르가 그룹 '끼노'의 리더로 성장하는 데 있어서 실질적인 음악적 모태이자 실험실이 되었다. 처음에는 말로만 밴드였지 어설프기 짝이 없는 학생 밴드에 지나지 않았다. 전자 기타를 구한다는 것은 당시 소련에서는 꿈도 꿀 수 없는 일이었기 때문에 악기라고 해봐야 암시장에서 40루블을 주고 구입한 어쿠스틱 기타 두 대가 전부였다. 기타 연주가 가능한 사람도 빠쉬꼬프 뿐이었다. 그래도 빠쉬꼬프는 이미 7년째 기타를 연주해온 수준급 연주자였고 영어로 직접 곡을 끼적거리던 아마추어 실력자이기도 했다. 자연스럽게 밴드 리더가 된 빠쉬꼬프는 베이스 기타라면 빅토르가 더 쉽게 배울 수 있다고 생각했다.

또 한시라도 빨리 밴드가 모양을 갖추려면 빅또르가 베이스를 연주할 수 있어야 했다. 빠쉬꼬프는 열심히 베이스를 가르치기 시작했다. 그때부터 두 친구는 수시로 서로의 집을 오가며 밤을 새워 기타 연습에 몰두했다. 그러고 보면 빠쉬꼬프는 빅또르를 음악세계로 인도한 안내자인 동시에 첫 번째 음악 선생이 되는 셈이었다.

미술학교 학창시절은 빅또르에게 음악적 열정이 작은 불꽃으로 타오르던 시기였다. 빅또르는 학업을 제쳐두고 어디서든 틈만 나면 기타 연습에 매진했다. 처음에 빅또르의 부모는 생소한 록 음악을 이해하지 못했고 더구나 그의 밴드활동이 너무 지나치다고 생각했다. 하지만 그의 부모는 기타에 대한 빅또르의 몰입이 사춘기 시절의 학생들에게 흔히 나타나는 일시적인 일탈이라고 생각했다. 그래서 관대한 아버지는 빅또르가 목욕탕을 연습실 삼아 연주할 때면, "시끄러우니 목욕탕에서는 제발 기타 연습 좀 하지 마라"며 주의를 주는 정도였다.

록 음악과 기타에 대한 열정이 날이 갈수록 깊어가던 어느 날, 빅또르의 부모가 한 달 동안이나 집을 비우고 남 러시아로 여행을 가야하는 일이 생겼다. 빅또르의 부모는 집에 혼자 남게 될 빅또르에게 하루 3루블씩 계산해서 생활비로 90루블을 남겨주었다. 그러자 빅또르는 당장 악기사로 달려가 평소에 갖고 싶던 12줄기타를 사 버렸다. 12줄기타의 가격은 87루블이었다. 이제 남은 돈이라고는 겨우 3루블뿐이었고 그 돈으로 한 달 동안 식사를 해결해야 했다. 어쩔 수 없이 빅또르는 다음날부터 공원에서 파는 3꼬뻬이까*짜리 튀김 파이를 사 먹기로 결심했다. 12줄기타를 갖게

---

* 1루블은 100꼬뻬이까.

된다면 튀김 파이 한 조각으로 끼니를 때우며 한 달을 버티는 고통쯤이야 상쇄될 수 있을 것 같았다. 그날 하루종일 굶은 빅또르는 공원으로 달려가 튀김 파이 한 조각을 허겁지겁 먹으며 집으로 돌아왔다. 그런데 문제는 길거리 음식이 허기를 채워주기는 하지만 위생문제까지 보장하지는 않는다는 것이었다. 불량식품을 먹은 빅또르는 곧 안색이 창백해지고 배가 아파왔다. 그러다 결국 화장실로 달려가는 도중에 더 이상 참지 못하고 먹은 것을 모두 토해내고 말았다. 그리고 며칠 동안 식중독으로 앓아눕고 말았다. 그때부터 빅또르는 벨랴쉬라는 튀김 파이를 입에 대지도 않았다.

　미술학교 졸업반이 되었지만 록 음악에 대한 빅또르의 열정은 조금도 식을 줄 몰랐다. 오히려 밴드에 안똔 체홉의 소설 제목에서 따온 '제6병동'이라는 이름을 붙여가며 본격적으로 기타에 매달렸고 편곡도 가사도 직접 만들어 보았다. 반면에 밴드 리더인 빠쉬꼬프는 영어뿐만 아니라 러시아어로도 노래를 만들면서 새로운 음악적 도전에 나서고 있었다. 밴드 연습을 할 때면 언제나 노래를 전담하던 빠쉬꼬프는 빅또르에게도 노래를 불러보라고 권했다. 빠쉬꼬프는 노래도 잘 부르고 연주 실력도 뛰어나긴 했지만 빅또르의 문학적 재능에 약간의 콤플렉스를 느끼고 있었기 때문에 그의 권유가 진심이었는지는 알 수 없었다. 게다가 빅또르는 밴드에서는 미끈한 외모에 화려한 연주 실력을 갖춘 빠쉬꼬프가 노래하는 것만으로도 충분하다고 생각했다. 그래서 수줍음 많은 빅또르는 한사코 노래 부르기를 거절했다.

　학창시절 열심히 밴드 활동을 했지만 빅또르는 로커가 되겠다고 생각한 적이 한 번도 없었다. 그림 그리는 일에 게으른 것도 사실이지만 화가가 되고 싶은 어린 시절의 꿈을 그는 그대로 간직하고 있었다. 그런데 화가가 되려면 더 좋은 미술교육을 받아야 했고 그러려면 미술대학에 진학해야만 했다. 그러나 8학년 졸업반이 된 두 멤버의 성적은 거의 문제아 수준으로 떨어져 있었다. 다행히 평점 3점을 받으며 빅또르는 미술학교를 간신히 졸업할 수 있었다. 그리고 꿈에 그리던 화가가 되기 위해 세로프 미술대학에 입학했다. 하지만 밴드 리더인 빠쉬꼬프는 결국 낙제를 면하지 못했다. 그래도 그들의 밴드 활동은 거기서 멈추지 않았다. 미대생이 된 빅또르는 빠쉬꼬프와 더불어 1977년까지 '제6병동' 활동을 계속했다.

첫 번째 시련

대학에 입학해서 그는 사실주의 양식으로 그림을 그렸다. 대학에서 배운대로 아카데미 풍의 그림을 그리는 것은 어쩐지 그의 마음에 들지 않았다. 그는 개성 넘치는 자기만의 그림 세계에 빠져 있었다. 이 무렵 빅또르는 그림에 열중하면서도 독서에 몰입했다. 어려서부터 생활화된 독서습관은 빅또르를 순식간에 문학청년으로 변신시켜 놓았다. '제6병동'의 밴드활동을 계속하는 동안에도 그는 손에서 책을 내려놓지 않았다. 빅또르는 어느넛 도스또옙스끼의 전 작품을 비롯해 수많은 고전들을 자기 것으로 소화하고 있었다. 당시 그의 문학적 열정은 주위 사람들이 놀랄 정도로 뜨거웠다. 이 시기에 빅또르가 보여준 남다른 독서열은 얼마 후 그의 음악과 미술 세계에 길을 열어주는 역할을 했다.

빅또르가 대학에 다니는 동안 학교에서 낙제한 빠쉬꼬프는 밴드 연습을 하기 위해 매번 미술대학을 찾아다녔다. 빠쉬꼬프는 여전히 하드 록 신봉자로서의 입장을 고수하면서 록의 러시아 정착을 위해 음악적 실험을 계속하고 있었다. 빠쉬꼬프는 빅또르와 함께 녹음실을 갖춘 친한 친구들을 방문하며 자신들의 노래들을 녹음하기 시작했다. 그런데 당시에는 녹음실이라고 해 봐야 사실 아파트 방 한 구석에 엉성한 방음장치를 하고 녹음기를 구비한 것이 전부일 만큼 열악했다. 하지만 이 소련 로커들의 음악적 열정만큼은 어느 나라의 로커들과 견주어도 뒤지지 않을 만큼 뜨거웠고 진지했다.

그렇게 시간이 흘러가는 동안 빅또르에게 음악적 도약이 될 기회가 찾아왔다. 빠노프와의 만남이었다. 빠노프는 레닌그라드 언더그라운드 음악계에서 '돼지'라는 별명을 가진 인물이었다. 그는 레닌그라드 연극·음악·영화대학에 입학했다가 두 달 만에 자퇴하고 언더그라운드 음악 활동에 몸을 담고 있었다. 그런 빠노프는 러시아 최초의 펑크 뮤지션으로 인정받았다. 그의 아파트에는 늘 레닌그라드의 펑키족들이 드나들었는데 그들은 빠노프의 아파트를 록 클럽으로 사용하고 있었다. 르이빈, 유피트, 두브로프, 뽀끄롭스끼, 구드꼬프 등등이 빠노프의 아파트를 출입하던 주요 멤버들이었다. 몇몇을 제외하고 그들은 빅또르보다 7,8세나 나이도 많고 음악적 경험도 더 풍부한 사람들이었다. 그들은 자신들을 비트니끼(비트족)라고 부르며 음악뿐 아니라 생활 전부를 펑크 문화화 시키려고 했다. 그래서 누군가를 칭찬할 때면 "저 친구는 진짜 비트족이야"라고 말하거나, 마음에 드는 영화는 "비트 풍 영화"라고 평하곤

했다. 그들은 매사에 비아냥거리기, 가볍게 술 한 잔 걸치기, 껄렁거리며 거리 배회하기, 표 없이 기차타기, 공짜로 영화와 콘서트 관람하기, 로큰롤 앨범 수집하기, 기타 연주하기 등등으로 시간을 보냈다. 레닌그라드의 펑키족들이 빠노프의 아파트에 모이는 까닭은 그의 아파트가 음향시설을 제법 잘 갖추었기 때문이었다. 빠노프 아파트의 펑키족들은 이웃집이 소음공해에 시달릴 만큼 최대한으로 볼륨을 틀어놓고 연주를 즐기곤 했다. 록 음악이 사회적으로 인정받지 못하는 상황에서 개인아파트는 로커들에게 허락된 유일한 아지트이자 음악적 해방구였던 것이다.

어느 날 빠쉬꼬프는 빅또르와 함께 친구 집에 놀러가게 되었다. 그 친구는 밴드 활동을 하는 두 사람을 당장 자기 아파트 위층에 사는 안드레이 빠노프에게 소개시켜 주었다. 빅또르와 빠쉬꼬프를 소개받은 빠노프는 '제6병동'이란 생소한 밴드의 음악이 궁금했다. 그래서 빠노프는 노래를 불러달라고 요청했고, 언더그라운드 음악의 동지들을 만난 기쁨에 빅또르와 빠쉬꼬프는 기꺼이 기타 반주에 맞추어 노래를 불렀다. 어쩌면 감추어진 자신들의 음악 실력을 외부에 알리고 검증받을 수 있는 기회가 될 수도 있었다. 빠노프는 '제6병동'의 노래에 만족했다. 하지만 그는 '제6병동'의 연주력을 인정하면서도 자신들은 하드 록이 아닌 펑크 스타일을 지향한다고 거창하게 설명했다. 두 사람은 빠노프 그룹 멤버들의 해박한 음악 지식에 감탄한 나머지 그들과 교류하고 싶어졌다. 그때부터 빅또르와 빠쉬꼬프는 빠노프 그룹에 합류하여 음악적 교류를 시작했다. 이렇게 해서 우물 안 개구리처럼 자기 세계에 머물러 있던 빅또르는 레닌그라드 언더그라운드 음악계에 발을 들여놓게 되었다.

세로프 미술대학에서의 일 년은 정신없이 지나가고 있었다. 빅또르가 2학년 진급을 기다리던 1학년말 그에게 느닷없이 퇴학통지서가 날아왔다. 공식적인 사유는 성적불량이었다. 화가가 되려는 꿈을 한 번도 포기한 적이 없는 빅또르에게 퇴교 조치는 청천벽력과도 같은 것이었다. 어쩌면 화가의 꿈을 버려야 할지도 모르는 위기감이 엄습해왔다. 그리고 이상하게도 퇴교 조치가 내려지자마자 지역 록 그룹의 몇몇 멤버들이 이유 없이 그를 따돌리기 시작했다. 빅또르는 큰 상처를 입었다. 자기 주변에서 일어나기 시작한 일련의 이상한 변화들은 그의 퇴학이 단순히 성적불량 때문만은 아니라는 사실을 암시하고 있었다. 빅또르와 그의 어머니는 그의 퇴학이 로커들에 대한 당국의 박해 때문이라고 믿었다. 그래서 어머니도 빅또르가 대학에서 퇴학을 당했지만 크게 나무라지 않았다. 그 무렵 소비에트 당국은 록 음악이 소비에트의 젊은이들을 타락시키는 양키 문화라는 판단 아래 로커들에게 곱지 않은 시선을 보내던 터였다. 당국의 눈에 얼굴에 핀을 꽂고 펑키 풍의 자극적인 외모로 대학을 다니는 학생들은 눈엣가시 같은 존재였고 그들로 인해 세로프 미술대학이 반전주의의 온상이 되지나 않을까 우려했다. 그래서 어떤 학생들은 쫓아내고 또 어떤 학생들은 겁주는 조치들이 계속되고 있었다. 그렇지만 빅또르와 몇몇 동료들은 대부분의 펑키족들과는 달리 외모까지 펑키스타일로 차리지는 않은 조용한 멤버들이었다. 개인적으로 어떤 압력을 받았는지 그 사건으로 인해 충격을 받은 빠쉬꼬프는 음악에 흥미를 잃고 연극학교에 입학해 버렸다. 5년 가까이 지속되던 '제6병동'은 이렇게 간단히 해체되고 말았다.

　대학에서 쫓겨난 빅또르는 곧바로 자물쇠 주물공장 프레스 공으로 취직했다. 소련 사회에서 아무 일도 하지 않는다는 것은 반사회적인 범죄 행위에 해당되기 때문이었다. 그러나 주물공장 작업은 기계적이고 단순했으며 더구나 귀청이 떨어질 만큼 엄청난 소음과 함께 살아야 하는 고통스러운 일이었다. 그때 빅또르의 나이는 열여섯 살에 불과했다. 어머니는 빅또르를 공장에 그냥 놔두면 하나뿐인 외아들을 망쳐버리고 말 거라고 생각했다. 공장에 취직한 지 며칠 만에 어머니는 빅또르를 공장에서 데리고 나왔다. 그리고 낮에는 빅또르가 좋아하는 음악을 마음껏 할 수 있도록 야간학교에 입학시켰다. 결과적으로 어머니의 단호한 결정이 위기에 빠진 빅또르를 로커의 길로 이끌었던 것이다.

로커가 되다

 빠쉬꼬프와 결별하면서 '제6병동'은 해체되었지만 빅토르는 빠노프 아파트에 계속 출입했다. 이 무렵 러시아 록 음악은 서구 록의 모방 단계에 머물고 있었다. 러시아 로커들은 연주력 면에서는 상당한 수준에 도달했지만 자신들만의 노래를 만드는 작업에는 주저했다. 이런 음악적 현실이 불만이던 빠노프는 빅토르가 러시아식 록을 만드는데 가장 적합한 인물이라고 생각했다. 빠쉬꼬프와 달리 빠노프는 빅토르에게 어떤 콤플렉스도 느끼지 않았고 그의 재능을 조용히 지켜보고 있었다. 편곡 재능이 뛰어난 빅토르가 평소 책을 끼고 다니는 모습을 눈여겨보던 빠노프는 빅토르라면 노래를 잘 만들 수 있을 거라고 생각했던 것이다. 자신만의 노래를 만들려고 해도 언제나 작시의 벽에 부딪히던 그는 빅또르라면 그 문제를 해결할 수 있을 거라고 믿었다. 그래서 빠노프는 빅또르에게 노래를 만들어보라고 설득하기 시작했다. 그러나 숫기 없는 빅또르는 그의 권유를 받아들이기 힘들었다. 빠노프의 설득은 계속되었고, 그의 설득은 점점 도를 넘어 거의 강요 수준에 이르렀다. 어느 날 빠노프는 멤버들과 함께 아파트에서 공동으로 작곡을 하다가 빅또르에게 "너는 시도 쓰고, 작곡도 할 수 있어"라고 다그쳤다. 빅또르가 곤혹스러운 표정으로 인상만 찌푸리자, 빠노프는 술을 권하며 다그치고 또 다그쳤다. 그러자 빅또르는 복도로 나가더니 잠시 후 무엇인가 끼적거린 메모를 가지고 돌아왔다. 그리고 곧바로 펑키 타입의 노래를 만들기 시작했다. 빅또르의 노래는 빠노프가 기대한대로 괜찮았다. 새로운 바르드*가 탄생한 그날 빠노프와 아파트의 모든 멤버들은 술에 만취했다.

감춰진 재능이 일단 고개를 들기 시작하면 폭발적으로 터져 나오기 마련이던가... 며칠 후 빅또르는 〈나의 친구들〉이란 노래를 만들어서 빠노프의 아파트를 찾아갔다.

난 집으로 돌아갔어, 언제나 그렇듯 다시 혼자서.
우리 집엔 나 혼자지만, 갑자기 전화벨이 울리고
친구들은 쾅쾅 문 두들기며 그만 일어나라고
거리에서 고함치며 술에 쩐 목소리로 밥 내놔라 고함치지.

내 친구들은 언제나 씩씩하게 몰려다녀.
버스정류장은 포장마차 옆에만 있지.

---
* 음유시인(싱어송라이터)

우리 집은 보통 비었지만, 지금은 사람들로 북적거려.
가끔씩 친구들이 술 마시러 쳐들어오지.
어떤 친구는 한동안 화장실을 독차지하고 유리창을 깨기도 했어.
난 아무래도 좋아, 받아들이겠어.

〈나의 친구들〉에 등장하는 젊은 세대는 소비에트의 사회적 통제에 익숙해진 부모세대와는 전혀 다른 모습으로 살아가고 있다. 소련 사회가 사회주의 공동체를 추구하면서 개인의 개성이 억압되었다면 이 노래에 등장하는 빅또르와 그의 친구들은 소련사회에 적응하지 못하여 거리를 방황하지만 인간미가 넘치는 솔직한 캐릭터들이다. 빅또르는 이렇게 자기 자신과 친구들의 삶을 진솔하게 그리면서 청춘을 허비하는 시대의 젊은 초상들로 그들을 형상화시켰다. 뿐만 아니라 가사도 완성도가 대단히 높았고 멜로디도 세련되었다. 빅또르의 노래를 들은 멤버들은 환호성을 질렀다. 빠노프는 "멋진 걸작이야, 어디에서도 들어본 적이 없어"라고 탄성을 지르며 빅또르에게 자기 그룹과 함께 연습하자고 권했다. 얼마 후 빅또르는 빠노프 그룹과 〈나의 친구들〉을 연습하기 시작했고 그룹의 객원멤버가 되었다. 이렇게 빅또르는 빠노프의 그룹 '아프또마찌체스끼예 우도블레프트보리쩰리(자동화된 만족가들—이하 '아우'로 줄임)'에서 앨범 「바보들과의 순회공연」을 녹음했다. 이 앨범에는 빅또르의 노래 이외에도 그룹 '조오빠르크(동물원)'의 리더가 된 마이크 나우멘꼬, '물고기'란 별명의 르이빈의 곡이 실렸다. 이 앨범에 실린 〈나의 친구들〉은 빅또르의 가장 초기 작품 중의 하나로 나중에 선집앨범에도 수록되면서 많은 젊은이들 사이에서 인기를 누렸다. 동료들의 찬사에 자신감을 얻은 빅또르는 이때부터 지속적으로 곡을 만들기 시작했다. 그 사이 빅또르는 야간학교를 졸업하고 제61 시립중등직업기술학교˚에 입학했다. 당시 소련에서는 중등교육을 받지 않으면 사회적으로 곤란한 입장에 처할 수 있었기 때문에 어딘가 학적을 두어야 했다. 빅또르로서는 음악을 계속하기 위해서라도 직업학교에 입학해야 했고 거기에서 목공예를 전공했다.

  1981년 초의 어느 날 그룹 '아우'는 모스끄바의 언더그라운드 콘서트에 초대되었다. 당시 언더그라운드 음악을 평론하던 아르쫌 뜨로이츠끼가 레닌그라드의 유명 그룹들을 초청하기 위해 개최한 콘서트였다. 레닌그라드에서 초청된 그룹들은 록 그룹으로서는 최고의 명성을 날리던 보리스 그리벤쉬꼬프의 '아끄바리움(수족관)'과 마이크 나우멘꼬의 '조오빠르크(동물원)'였다. '아끄바리움'과 '조오빠르크'는 정통 록을 지향하는 그룹이었다. '아우'의 멤버들은 그리벤쉬꼬프의 그룹이나 나우멘꼬의 그룹과 함께 초청되었다는 사실만으로도 흥분을 가라앉힐 수 없었다. 그도 그럴 것이 그리벤쉬꼬프는 러시아 록 음악계에서 이미 록의 신으로 존경받는 절대적 존재였다. 더구나 갓 결성된 '아우'로서는 그리벤쉬꼬프나 나우멘꼬처럼 언더그라운드 음악계에 널리 알려진 것도 아니며 내세울 만한 대표작도 없는 상황이었다. 사실 '아우'가 모스끄바 콘서트에 초청된 것도 나우멘꼬가 주최자 아르쫌에게 레닌그라드 펑크 그룹 '아우'의 초대를 요청하면서 이루어진 것이었다. '아우'의 멤버들은 자신들의 그룹이 전국적으로 인정받을 수 있는 절호의 기회라고 생각했다.

˚ 소련에서는 학교도 차별과 개성을 없애기 위해 이름 대신 모두 번호로 표기했다.

그래서 '제6병동' 출신의 빅또르와 아마추어 그룹 '필리그림'의 기타리스트인 르이빈을 '아우'에 합류시켰다. 모스끄바 공연 준비는 꼬박 2주일이 걸렸다. '아우'의 멤버들은 빠노프의 아파트에 모여서 작곡, 편곡, 연주, 녹음 등으로 밤을 새웠다. 그 사이에 빈 포도주 병들은 늘어갔고 새로운 노래들도 쌓여갔다. 그런 노력 끝에 마침내 '모스끄바로!'라는 제목의 녹음테이프가 완성되었다. '아우' 멤버들은 모스끄바로 출발하기 전날에 리허설을 열어서 펑크 로커들의 이미지를 부각시킬 의상과 헤어스타일까지 치밀하게 점검했다. 다음날 '아우'의 거의 모든 멤버들은 긴장과 설렘 속에 모스끄바행 기차에 몸을 실었다.

우연한 일이기는 하지만 모스끄바행 기차에서 빅또르는 그리벤쉬꼬프와 나란히 앉게 되었다. 그리벤쉬꼬프에게 빅또르는 무명의 애송이에 불과했지만 그는 기타를 안고 있는 빅또르에게 정중히 노래를 요청했다. 빅또르는 그에게 노래 두 곡을 들려주었다. 그리벤쉬꼬프는 조용히 미소만 지을 뿐 아무 말도 하지 않았다. 그러나 훗날 그는 "한 곡은 별로였죠... 그런데 두 번째 곡은 〈내 친구들은 거리를 따라 행진한다〉였어요. 그 노래는 정말 감동적이었죠. 이미 완벽한 곡이었고, 진정한 노래였어요. 젊은 친구에게서 그런 엄청난 풍자가 표현될 수 있다는 게 정말 놀라웠어요"라고 회상했다. 당시 기차 안에서 그리벤쉬꼬프는 가만히 듣기만 했지만 얼마 후부터 초기 '끼노' 활동을 돕는 적극적인 후원자가 된 것은 아마 일찌감치 빅또르의 재능을 발견했기 때문일 것이다.

모스끄바의 콘서트 장소는 물론 개인 아파트였다. 러시아 로커들은 아파트 공연장을 '끄바르찐끼(아파트의 방)'라고 불렀다. 방 한 구석에는 붉은 커튼이 드리워진 작은 무대가 만들어져 있었고 나머지 공간은 모두 객석으로 활용되었다. 객석은 출연진들과 관객으로 가득 차 있었다. 모두 언더그라운드 뮤지션들이거나 록 마니아들이었다. 콘서트의 첫 연주순서는 록 음악계의 새내기 빅또르였다. 빅또르는 준비기간 동안 만든 여러 곡들 중에서 〈바샤는 디스코를, 디스코와 소세지를 좋아해〉를 불렀다. 관객들은 지루했지만 노래가 끝나자 빅또르를 따뜻한 박수로 격려했다. 계속해서 쟁쟁한 로커들의 순서가 이어졌다. 빅또르의 모스끄바 데뷔 무대는 별 주목을 받지 못한 채 끝났다. 그러나 빅또르를 포함한 '아우'의 모든 멤버들에게 모스끄바 공연은 미래의 음악활동에 커다란 자극제가 되었다.

당시 직업전문학교를 다니는 동안 빅또르는 적어도 자기가 사는 지역에서는 로커로서 또 기타리스트로서 제법 유명세를 타고 있었다. 그런 빅또르는 곧 젊은 아가씨들의 주목을 받았고, 얼마 후 그 아가씨들 중 한 명이 빅또르의 여자친구가 되었다. 나중에 빅또르는 당시 그녀로부터 받은 영감을 노래로 만들었다. 〈8학년 여학생〉이었다.

엄마의 루즈, 언니의 구두.
나한테 넌 가벼운 상대인데, 너한테 난 자랑스러운 존재군.
넌 너의 인형과 풍선을 무척이나 아껴대.
하지만 너희 엄만 정확히 10시면 너의 귀가를 기다려.
8학년 여학생아.

이름조차 알려지지 않은 그 8학년 여학생을 만날 때 빅또르는 갓 18세를 넘기고 있었다. 하지만 젊은 빅또르에게 사랑은 아직 인생의 중요한 문제가 아니었다. 빅또르는 그녀와 공원과 거리를 산책하며 많은 시간을 보냈으나 그의 관심은 사랑이 아니라 음악이었다. 한때의 풋사랑에 지나지 않았는지 두 사람 사이의 관계는 더 이상 발전하지 못했고 둘은 곧 헤어지고 말았다. 그녀에 대한 기억은 단지 빅또르의 노래 속에서만 꿈틀거리며 살아나고 있을 뿐이다.

그룹 '가린과 쌍곡면'

모스끄바 공연 이후에 빅또르는 '아우' 멤버들 중에서도 특히 르이빈과 친하게 지냈다. 두 사람은 비틀즈, 롤링 스톤즈, 제네시스 등 록의 새로운 물결에 대해 이야기를 주고받았고 그러는 동안 그들 사이에 어느덧 동지의식이 싹텄다. 음악을 매개로 급속히 가까워진 빅또르와 르이빈은 이제 서로의 가치를 인정해주는 음악적 동지이자 가장 친한 친구 관계가 되었다. 그들은 언제나 함께 언제나 붙어 다녔고 나우멘꼬의 아파트에서 거의 함께 살다시피 했다. 그러던 어느 날 빅또르는 르이빈 또 그의 죽마고우인 올렉 발린스끼와 함께 여름휴가를 떠나기로 뜻을 모았다. 발린스끼는 르이빈의 '필리그림'에서 드럼을 연주하는 동년배 드러머이기도 했다.

세 친구는 텐트 두 개와 기타 두 대만 들고 불쑥 끄르임 반도를 향해 떠났다. 펑키족의 생활이 늘 그렇듯 가난한 그들의 주머니는 처음부터 텅 비어있었다. 기차표는 요령껏 검표원의 눈을 피하면 문제될 것이 없었다. 잠자리는 텐트에서 또 식사는 거리 연주에서 얻는 수익금으로 해결하면 그뿐이었다. 그들은 여름휴가의 최종목적지를 끄르임 지방의 수다크로 정했다. 그러나 막상 끄르임 반도에 도착하자 수다크의 현지 사정은 생각했던 것과 너무 달랐다. 친절한 끄르임 지방의 현지인들은 기타를 든 두 레닌그라드 젊은이에게 사람이 많지 않은 수다크에 머물지 말고 가까운 바닷가로 나가보라고 권했다. 여름 바닷가에서 텐트생활을 하는 대개의 젊은이들과 마찬가지로 세 친구는 낮에는 뜨거운 모래사장과 푸른 파도를 즐기고 밤이면 기타 연주와 싸구려 포도주로 소일할 생각이었다. 그러나 레닌그라드에서 펑크 뮤지션들이 도착했다는 소문이 어느새 퍼졌는지 도착 첫날 저녁부터 그들은 브로드웨이 거리공연에 초대되었다. 대부분의 소련 도시에는 브로드웨이라고 불리는 장소가 있었는데, 브로드웨이란 젊은이들이 모여드는 번화한 광장을 일컫는 은어로 쓰이고 있었다. 사람들은 수다크의 브로드웨이를 찾은 세 친구들에게 포도주를 대접하며 연주를 요청했다. 마치 물고기가 물을 만난 듯 그들은 첫 공연부터 무려 4시간이나 열정적으로 연주하기 시작했다. 그들이 부른 노래는 몇 곡 되지 않는 자신들의 곡들과 코드를 기억하는 '아끄바리움'의 곡들이었다. 그렇게 해서 수다크 바닷가에서는 매일 저녁 레닌그라드 펑크 삼총사의 록 콘서트가 열렸다.

    함께 연주 생활을 하다 보니 펑크 삼총사는 자연히 자신들을 소개할 수 있는 그룹명이 필요했다. 빅토르는 '제6병동' 출신이고, 르이빈과 발린스끼는 '필리그림' 출신이니 다른 그룹명을 만들어야 했다. 그렇다고 빠노프의 그룹명인 '아우'란 명칭을 쓸 수도 없었다. 펑크 삼총사는 알렉세이 똘스또이의 환상소설 『엔지니어 가린의 쌍곡면』이란 작품 제목을 응용해 그룹명을 '가린과 쌍곡면'이라고 정했다. 이 이상한 그룹명은 마치 새로운 문화의 물결을 대변하는 느낌을 주는 것 같아서 그들은 너무 마음에 들었다. 펑크 삼총사는 레닌그라드에 돌아가면 아파트 콘서트도 개최하고 직장에서 근무하며 그 월급으로 전자 기타도 구입하자는 커다란 목표를 세웠다. 어쿠스틱 기타만으로는 록 음악의 강렬한 음향을 만들기에 한계가 있다는 사실을 세 사람은 너무 잘 알고 있었던 것이다.

휴가를 겸한 끄르임 반도에서의 거리공연은 '가린과 쌍곡면'에게 관객들과 소통할 수 있는 무대이자 자유로운 연습공간이 되어준 소중한 경험이었다. 기나긴 여름휴가를 마치고 레닌그라드로 돌아왔을 때 그들의 음악적 열정은 더욱 불타올랐다. 세 친구는 부모가 자리를 비운 아파트들을 찾아다니며 부단히 연습하며 호흡을 맞춰나갔다. 상당한 시간이 흐르자, 그들은 자신들의 노력에 대견스러워했고 이제 레닌그라드 최고의 수준에 오른 것이 아닌가 하는 착각이 들기도 했다. 그만큼 그들은 열심히 연습했고 또 자신감이 넘쳤다. 그들 앞에 남은 관문이라면 그룹 '가린과 쌍곡면'이 록 클럽의 오디션을 거쳐 공식적으로 인정받는 것이었다.

1981년 1월경 레닌그라드에는 시 문화위원회 산하에 공식적인 록 클럽이 만들어졌다. 당시 다른 지역보다 상대적으로 진보적이던 레닌그라드 시 당지도부는 록 그룹들을 탄압하는 것이 시끄러운 잡음만 일으키며 오히려 그들을 홍보해주는 역효과만 낸다고 판단하고 있었다. 그래서 시당 지도부는 문화정책의 방향을 전환하기로 하고 반항심이 강한 젊은 뮤지션들을 쉽게 관리할 수 있는 예능부서를 만들었다. 이렇게 해서 레닌그라드 독립창작연맹회관의 넓은 홀에는 소련에서 처음으로 레닌그라드 록 클럽이 설치되었다. 이제 아파트 공연장을 벗어나 넓은 록 클럽을 이용하고 싶은 록 그룹이라면 예능위원회의 오디션을 거쳐서 위원회에 등록해야만 했다. 예능위원회 오디션은 그리 까다롭지 않은 연주와 면접에 통과하면 끝이었다. '가린과 쌍곡면'은 오디션에 참가하여 위원회의 프로그램에 따라 자신들의 곡을 능숙하게 연주했다. 또 이상한 그룹명과 낯선 노래가사에 대해 장시간에 걸쳐 설명을 덧붙였다. 결국 '가린과 쌍곡면'은 오디션을 무난히 통과하여 시 문화위원회에 등록을 마쳤다.

펑크 삼총사는 끄르임 반도에서 계획한대로 아파트 공연을 열심히 준비했다. 빅또르는 자신의 시를 다듬고 또 다듬어 신중하게 가사를 만들어나갔다. 그는 선율이 마음에 들 때까지 코드를 계속 바꾸었다. 빅또르는 르이빈과 함께 나우멘꼬의 아파트를 거의 이틀에 한 번 꼴로 찾아다니면서 자신의 신곡들에 대한 전문가적 조언을 부탁했다. 이렇게 해서 만들어진 초기의 노래들은 더 이상 손댈 필요가 없을 만큼 완벽해졌다. 그러나 세상일은 노력이나 의지와는 상관없는 방향으로 흘러가는 경우가 더 많은 법이 아닌가. 그들의 아파트 콘서트 계획은 결국 한 번도 성사되지 못했고 예전처럼 가끔 친구들 사이에서나 연주할 수 있었다. 엎친 데 덮친 격으로 드럼을 맡은 발린스끼는 갑자기 영장을 받고 입대해 버렸다. 이제 '가린과 쌍곡면'은 퍼스트 기타리스트 르이빈과 베이스 기타리스트 빅또르만 남긴 채 해체되고 말았다. 그러나 그룹에 닥친 위기는 곧 행운으로 반전되었다. 그해 가을 르이빈이 생일을 맞아서 조촐한 파티를 연 자리였다. 그곳에는 레닌그라드의 지역의 로커들이 대거 모였는데 그 로커들 중에는 그리벤쉬꼬프도 끼어있었다. 공연에 굶주려있던 빅또르와 르이빈은 파티 자축라는 명분으로 그 자리에서 자신들의 노래 〈8학년 여학생〉, 〈백수건달〉, 〈시간은 있는데 돈이 없구나〉 등을 연이어 불렀다. 노래가 끝나자 동료들의 반응은 뜨거웠다. '가린과 쌍곡면'의 노래에 감동한 그리벤쉬꼬프는 그 노래들을 발표하는 것이 좋겠다며 필요하다면 자신이 녹음작업을 돕겠다고 약속했다. '가린과 쌍곡면'에게도 자신들의 노래를 녹음할 기회가 찾아온 것이다.

이 무렵 빅또르는 중국영화에 흠뻑 빠져 있었다. 특히 이소룡의 영화라면 지칠 때까지 보고 또 보았다. 빅또르의 마음 속에 이소룡은 절대적인 우상으로 자리 잡고 있었다. 그는 틈만 나면 이소룡의 쿵푸 장면이나 표정 연기를 흉내 냈고 자기 방에는 눈차크까지 걸어놓고 연습했다. 빅또르는 이소룡의 액션 연기가 너무 마음에 들었다. 이소룡에 대한 빅또르의 동경은 훗날 그가 콘서트 무대에서 보여주는 카리스마 넘치는 매너나 영화 ≪이글라≫에서 연기하는 액션씬에서 그대로 재현되었다.

그룹 '끼노'의 탄생

　빅또르의 녹음작업을 돕겠다고 했던 그리벤쉬꼬프는 약속을 지켰다. 그는 녹음작업 전반의 프로듀서가 되어주겠다고 먼저 제안했다. 노래를 성공적으로 녹음하려면 최고의 전문가인 그리벤쉬꼬프의 도움이 절대적으로 필요한 상황에서 마다할 이유가 전혀 없었다. 빅또르는 수시로 그리벤쉬꼬프를 만나며 녹음작업에 관해 의견을 나누기 시작했다. 빅또르는 어쿠스틱 반주가 아니라 좀 더 강렬한 일렉트릭 반주를 원했다. 그러나 악기조차 없는 '가린과 쌍곡면'의 두 멤버로서는 꿈도 꿀 수 없는 일이었다. 그리벤쉬꼬프는 스무 명에 가까운 '아끄바리움' 멤버들과 회의를 거쳐 몇몇 멤버들의 참여를 이끌어냈다. 플룻 연주자 로마노프, 첼로 연주자 각쩰, 리듬박스 담당자 판쉬쩨인이 결국 빅또르의 녹음 작업에 참여하게 되었다. 녹음 작업에서 빅또르는 12줄기타와 베이스로 연주하며 노래했고 르이빈은 그리벤쉬꼬프로부터 빌린 전자 기타로 연주하며 백보컬을 맡았다. 그리벤쉬꼬프 자신도 전자기타로 반주에 참여했으며 나머지 멤버들도 각자의 연주를 맡았다. 녹음 작업은 삐오네르 학생전당의 스튜디오에서 진행되었다. 녹음 스튜디오의 담당자는 안드레이 뜨로뻴로였는데 레닌그라드 록 그룹들의 부탁을 받으며 이미 많은 음반 제작 작업을 해오던 베테랑이었다. 당시만 하더라도 음반제작업은 국영기업인 '멜로지야'가 독점하고 있었기 때문에 개인적인 음반작업을 하려면 그마나 시설이 갖춰진 공공건물의 스튜디오를 알음알음으로 이용해야 했다. 이렇게 당국의 허가를 받지 않고 비밀리에 제작된 음반을 '사모즈부꼬삐스(지하음반)'라고 불렀다. 불법 제작된 음반은 개인과 개인의 거래를 통해서만 유통되기도 했다. 하지만 지하음반의 유통 속도는 놀랄만큼 빨랐고 보급범위는 광범위했다.

음반 녹음에 경험이 없는 빅또르는 첫날부터 의욕에 넘쳤고 자신의 모든 노래를 다 녹음하고 싶어 했다. 앨범에 들어갈 선곡은 녹음이 모두 끝난 후에 해도 충분할 것 같은 생각이 들었다. 그러나 녹음 작업은 반복되는 연주 과정과 스튜디오 임대 문제 등이 고려되어야 했으므로 빅또르의 예상보다 많은 시간이 필요한 작업이었다. 결국 녹음 회의를 거친 끝에 〈시간은 있는데 돈이 없구나〉, 〈알루미늄 오이〉, 〈넌 그냥 궁금하겠지〉, 〈햇살 가득한 날〉, 〈8학년 여학생〉, 〈나의 친구들〉, 〈언젠가 넌 비트니끼였지〉, 〈백수건달〉 등 총 14곡이 선정되었다.

녹음 과정에서는 그룹명도 문제로 떠올랐다. 빅또르와 르이빈 두 사람의

2인조 어쿠스틱 그룹이라면 '가린과 쌍곡면'이란 그룹명도 그런대로 용납될 수 있었다. 하지만 다양한 전자악기가 동원된 음반 작업에는 더 새롭고 멋진 이름이 필요할 것 같았다. 두 사람의 고민은 깊어갔다. 두 사람을 바라보며 그리벤쉬꼬프는 "당신들은 새로운 낭만주의자들이잖아"하고 조언했다. 그러던 어느 날 극장 앞을 지나가던 두 사람은 극장 건물에 걸린 '끼노(영화)'라는 간판을 보며 무릎을 쳤다. "그래, 바로 저거야. '아끄바리움'이라는 이름보다 절대 못하지 않아." 이렇게 해서 '끼노'라는 이름의 새 그룹이 탄생했다.

그리벤쉬꼬프와 녹음 작업을 계속하는 동안 레닌그라드 록 클럽의 담당자는 '끼노'에게 록 클럽이 주최하는 젊은이들을 위한 콘서트에 참가해달라고 요청했다. '끼노'로서는 오랫동안 고대하던 첫 콘서트였다. 하지만 정규 멤버라고는 빅또르와 르이빈 단 두 명뿐이어서 본격적인 콘서트에 참가하기란 불가능했다. 그래서 녹음작업을 돕던 '아끄바리움' 멤버들이 변칙적으로 참여하는 연합팀이 급조되었다. 명목상으로는 '끼노' 공연의 음향보조원 자격이었지만 판쉬쩨인은 베이스 기타를, 로마노프는 백보컬과 피아노를 그리고 그리벤쉬꼬프는 녹음을 각각 맡았다. 이렇게 '끼노'는 30분간의 공연시간 동안 7곡의 신곡을 선보이며 첫 콘서트를 무사히 마칠 수 있었다.

그동안 빅또르의 녹음 작업은 종종 중단되고 있었다. 때로는 빅또르가 학업을 병행해야 했기 때문이기도 하고 때로는 당국이 스튜디오 임대에 제동을 걸었기 때문이기도 했다. 게다가 빅또르로서는 생업을 위해 야채시장에 나가서 돈도 벌어야 했다. 소련에서 음악 활동은 생활에 현실적으로 아무

도움이 되지 못했다. 빠노프의 펑크 그룹은 파티를 계속하고 있었다. 3월의 어느 날 빠노프의 생일을 빙자해서 그의 아파트에 펑크 멤버들과 레닌그라드 언더그라운드 뮤지션들이 모여들었다. 이 생일 파티에서 빅또르는 머지않아 그의 아내가 될 마리안나를 만날 수 있었다.

당시 마리안나는 레닌그라드 국립 서커스단의 의상팀 팀장으로 일하고 있었다. 우연이었을까, 마리안나의 생일은 빠노프의 생일과 같은 날이었다. 18세에 결혼했다가 이미 이혼녀가 되어 있던 마리안나는 집에서 혼자 조신하게 생일을 보내려고 했었다. 그러나 약간 안면이 있던 르이빈이 마리안나를 찾아와 끈질기게 설득했고 마리안나도 생일을 혼자 집에서 보낸다는 것이 아무래도 궁상맞은 일 같다고 생각했다. 결국 그날이 자기 생일임을 밝히지 말아달라는 조건으로 마리안나는 펑키 그룹의 파티에 참석하게 되었다. 생일 파티가 시작되고 술잔이 몇 번 돌고나자 분위기는 순식간에 난장판으로 변해버렸다. 그렇게 혼란스러운 분위기가 싫었던 마리안나는 사람들의 만류를 뿌리치고 얼마 지나지 않아 아파트를 나와버렸다. 미안한 생각이 들었던 빅또르는 다음날 마리안나에게 전화를 걸었다. 그리고 그 두 사람은 곧 가까운 사이로 발전했다.

마리안나의 어머니는 이미 결혼에 실패한 경험이 있는 딸이 다시 결혼한다면 안정된 직장을 가진 사람을 만나길 원했다. 그러나 딸이 데려온 남자는 변변한 직업도 없는 더벅머리 동양 청년이었다. 마리안나의 어머니는 두 사람이 사귀는 것 자체를 반대했다. 그래서 두 사람은 빅또르의 집에서 동거를 시작했다. 하지만 빅또르의 방은 아파트 문 옆에 있었기 때문에 부모님들과 필요이상으로 충돌하는 일이 잦아졌고 서로

조심하다 보니 너무 불편했다. 그래서 그해 가을 빅또르의 부모님들은 모스끄바 광장에 있는 낡은 공동주택으로 그들을 분가시켰다. 그때부터 마리안나는 의상과 분장 그리고 매니저까지 담당하며 '끼노'의 음악활동을 도왔다.

어쨌든 지루한 녹음과정을 거쳐 앨범이 마침내 완성되었다. 앨범의 명칭은 총 녹음시간이 45분인 점에 착안하여 「45」로 결정되었다. 첫 앨범「45」를 발표하자 무명에 불과하던 '끼노'의 위상에 커다란 변화가 생겼다. '끼노'는 제법 유명세를 타기 시작했고 어느 스튜디오를 찾아가도 무시당하지 않을 정도의 발언권을 갖게 되었다. 그룹 활동도 점점 바빠지기 시작했다. 이제 빅또르가 본격적으로 창작에 전념하려면 본격적인 매니저 활동은 르이빈이 맡아야 했다. '필리그람' 시절부터 노래를 만들던 르이빈으로서는 다소 속상한 일이었다. 하지만 르이빈도 빅또르가 창작하는 노래들에 만족했기 때문에 매니저 업무를 맡지 않을 수 없었다.

앨범「45」발표 이후에 '끼노'는 새로운 노래들을 만들며 녹음 작업을 계속했다. 〈나는 모스끄바가 싫어〉, 〈B.G.를 위한 노래〉 이외에도 〈봄〉, 〈마지막 영웅〉, 〈아침 일곱 시경〉, 〈여름〉 등이 드러머 꾸스또프의 도움을 받아 완성되었다. 르이빈은 녹음작업에 만족했다. 그러나 빅또르는 드럼 반주에 불만을 품고 말르이 극장 스튜디오에서 진행되던 녹음을 중단시켰다. 그리고 오리지널 테이프도 모두 회수해 버렸다. 당시 말르이 극장에서 녹음된 자료들은 훗날 앨범 '알려지지 않은 노래들'로 발표되었다.

1982년 가을이 되자 르이빈은 '끼노' 그룹의 콘서트 스케줄을 짜기 시작했다. 콘서트의 대부분은 모스끄바에서 열렸다. 물론 주로 아파트 공연이었지만 모스끄바의 록 그룹 '쩬뜨르(센터)'와 대규모 합동 콘서트를 열기도 했다. '끼노'의 공연 빈도는 점점 늘어났고 그룹도 점점 자리를 잡아갔다. 1983년 2월 19일에는 레닌그라드 록 클럽에서 '끼노'의 형제 그룹 '아끄바리움'과의 합동 콘서트가 계획되었다. '끼노'의 두 멤버는 이 콘서트를 '아끄바리움'의 도움을 받지 않은 채 전자음악으로 공연하고 싶었다. 빅또르와 르이빈은 '아끄바리움' 멤버들에게 '끼노'가 이제 풋내기 그룹이 아니라는 사실을 보여주고 싶었다. 또 '아끄바리움' 멤버들의 도움을 받게 되면 대중들의 눈에는 '끼노'의 연주가 '아끄바리움' 연주의 연장으로 비쳐질 우려도 있었다. 이번이 두 번째 일렉트릭 콘서트였기 때문에 빅또르는 여러 모로 신경이 곤두섰다. 두 사람은 급히 '끼노'의 새로운 멤버가 될 사람들을 물색하기 시작했다. 콘서트 연습이 한창이던 어느 날 르이빈은 갓 18살을 넘긴 기타리스트 가스빠랸을 빅또르의 아파트로 데려왔다. 르이빈은 그가 새로운 멤버로 적합하다며 그룹에 영입하자고 주장했다. 하지만 빅또르의 눈에 가스빠랸은 너무 애송이에 불과했다. 가스빠랸의 영입 문제를 두고 두 사람 사이에는 서로 고성이 오가고 험악한 분위기가 연출되었다. 그러나 공연 날짜가 얼마 남지 않았기 때문에 신속한 결정을 내려야 했다. 결국 가스빠랸은 '끼노'에 합류했고, 드러머도 급조되어 그룹이 꾸려졌다. 그러나 르이빈은 빅또르와의 말다툼을 끝으로 결국 '끼노'를 떠나고 말았다. 한 그룹에 두 명의 리더는 너무 많았는지도 모른다. 하지만 두 번째 일렉트릭 콘서트는 첫 번째 콘서트보다 훨씬 성공적으로 마무리되었다.

오로지 음악의 길로

레닌그라드는 사회주의 혁명 이전에는 뻬쩨르부르그라고 불렸다. 뾰뜨르 대제가 국가의 전 재정을 쏟아 부으며 네바 강변의 갯벌 위에 세운 이 도시는 제정러시아의 수도이기도 했다. 뾰뜨르 대제는 뻬쩨르부르그를 통해 러시아가 서구로 진출하기를 염원했고, 그래서 사람들은 이 도시를 '서구로 향하는 창'이라고도 불렀다. 도시가 건설된 후 뻬쩨르부르그에는 서구 문화가 유입되면서 귀족문화가 화려하게 꽃피울 수 있었다. 그래서 뻬쩨르부르그는 러시아에서 언제나 가장 서구적이고 또 개방적인 분위기가 넘쳐났다. 소비에트 시대에도 이런 개방적 분위기는 계속되었다. 그 덕택에 레닌그라드는 록 음악 같은 반소비에트 문화의 출발지이자 중심지가 될 수 있었다.

도시와 시민들의 내면에 흐르는 이런 개방적 분위기 덕에 1983년 4월 레닌그라드에서는 러시아 최초로 록 페스티벌이 열렸다. 물론 시당국이 개최한 행사였기 때문에 언더그라운드 로커들이 원하는 그런 음악 축제는 아니었다. 그럼에도 불구하고 이런 행사가 기획되었다는 것만으로도 당시로서는 혁명적인 사건이었다. 페스티벌은 개조한 시립운동장에서 열렸는데, 빅또르는 다른 록 그룹의 활약을 관찰하기 위해 매일 페스티벌 현장을 누비고 다녔다. 대규모 야외공연장은 아파트 공연장과는 느낌부터 달랐다. 그러나 안타깝게도 '끼노'는 이 록 페스티벌에 참석하지 못했다. 주위사람들은 빅또르에게 왜 록 페스티벌에 참석하지 않느냐고 물어왔다. 그는 하루에도 수십 번 똑같은 대답을 반복해야 했다. "우린 멤버가 부족해요."

그룹 활동을 함께할 멤버가 부족했지만 빅또르의 음악 활동은 조금도 위축되지 않았다. 그는 이즈음 공원조경회사에서 나무 조각을 깎으면서 틈이 나는 대로 노래를 만들어 나갔다. 그의 작품들은 점점 더 쌓여갔고 새로운 음반을 제작할 시간이 가까이 다가왔다. 시간을 쪼개 그는 가스빠랸과 연습에 매달렸다. 처음 만났을 때 가스빠랸의 연주는 몹시 단조로워서 빅또르는 실망한 적이 있었다. 하지만 개인적으로 재즈 학교도 다니며 맹연습을 한 끝에 그의 실력은 이미 놀라울 정도로 발전해 있었다.

두 번째 앨범 「46」의 녹음작업은 첫 번째 앨범의 녹음 때와는 상황이 달랐다. '아끄바리움' 멤버들의 직접적인 도움을 받을 수 없었기 때문에 빅또르 스스로 모든 문제를 해결해야만 했다. 녹음실, 기사, 기획자... 그러나 '끼노'에는 빅또르와 새로 영입한 멤버 가스빠랸뿐이었다. 빅또르는 수소문 끝에 녹음작업을 도와줄 사람들을 물색했다. 어렵사리 구한 녹음기사는 첫 앨범의 녹음 때 조수로 참여했던 알렉세이 비쉬냐였다. 연주는 빅또르와 가스빠랸이 어쿠스틱으로 진행했다. 〈궤도 버스〉, 〈깜차뜨까〉, 〈신경안정제〉, 〈나는 거리를 활보해〉 등의 노래들은 이런 산고를 거치며 녹음된 작품들이다.

두 번째 앨범에 수록된 작품들에는 소비에트 시대를 살아가는 새로운 낭만주의자 빅또르 자신의 삶이 그대로 녹아있었다. 뿌쉬낀이 모순적인 세상과 등진 채 도둑, 부랑자, 이방인 등의 19세기 낭만주의자들을 노래했다면, 빅또르는 20세기 소비에트에 적응하지 못하고 세상을 부유하는 낭만주의자들의 삶을 노래했던 것이다. 이렇게 그 영혼에 낭만주의자의 피가 흐르는 빅또르는 소비에트 시대에 다시 한 번 자유의 깃발을 높이 치켜올렸다.

> 창문으로 돌을 날렸어, 인드라의 천둥이 울리듯
> 그건 너무 재미있는 일
> 너는 알고 있지, 내게 기분전환이 필요하다는 걸
> 나는 심리치료를 받아야 해.
> 우-우, 신경안정제……

새 노래 〈신경안정제〉에는 당시 빅또르 삶의 중요한 에피소드가 들어있다. 두 번째 앨범 「46」을 제작한 후 그는 음악적 도약을 준비하고 있었다. 그런데 그 해 가을 빅또르에게는 달갑지 않은 일이 벌어지고 말았다. 징집영장이 갑자기 날아온 것이었다. 소련에서는 일정한 교육과정을 거치면 일반적으로 대체근무가 가능했었다. 그런데 빅또르는 직업전문학교에서 성적이 그리 좋지 못해 졸업장이 아니라 수료증만 받고 졸업한 바 있었다. 군당국은 한동안 빅또르의 직업전문학교 성적을 문제 삼지 않았다. 그러다가 군 문제를 잊고 있을 즈음 갑자기 징집 명령이 내려온 것이다. 군에 입대할 준비가 되지 않은 빅또르로서는 당황할 수 밖에 없었다. 젊은 창작가에게 군복무는 단지 시간적인 문제가 아니라 자신의 재능을 잃어버릴 수도 있는 심각한 타격이기 때문이었다. 빅또르의 친구들은 군 기피를 권유했고 그 유일한 방법으로 정신병진단서를 발부받으라고 조언했다. 결국 빅또르는 진단서를 받기 위해 정신병원에 입원했다. 처음에는 정신병원 입원 기간이 2주 정도로 예정되었지만 입원 기간은 점점 길어져 한 달 반으로 늘어났다. 결국 빅또르는 징집이 면제되었지만 그 시절 그는 매일 신경안정제를 먹어야만 했다. 〈신경안정제〉는 이 시기에 겪는 그의 복잡한 심경이 담겨져 있다. 이 노래는 두 번째 앨범 「46」에 처음 실렸지만 세 번째 앨범 「깜차뜨까의 지도원」에 다시 실렸다.

　빅또르는 두 번째 앨범 녹음이 마음에 들지 않았다. '끼노' 멤버가 두 명 뿐이고 음악도 어쿠스틱 기타로만 반주되다 보니 너무 초라해 보였다. 그래서 빅또르는 전자음악으로 나중에 다시 녹음할 생각으로 앨범 발표를 미루었다. 그러자 녹음기사인 비쉬냐는 한참 주목받기 시작한 '끼노'의 녹음자료가 아까왔다. 결국 그는 「46」이란 제목을 붙인 후 '끼노'의 두 번째 데모 앨범을 몰래 유통시켰다. 빅또르의 의도대로라면 「46」이란 앨범은 세상에 발표되지 말았어야 했다.

　이 무렵 그리벤쉬꼬프는 자기가 가는 곳이면 어디든 빅또르를 데리고 다닐 정도로 그를 아꼈다. 덕분에 빅또르는 '아끄바리움'의 모든 멤버들과 친하게 지낼 수 있었다. 빅또르는 뛰어난 연주자들이 모인 '아끄바리움'이 부러웠다. 그들과 자신의 노래를 녹음하고 싶은 생각이 굴뚝처럼 간절했다. 하지만 '아끄바리움'도 자신들의 최고 앨범이 될 「은의 날」을 녹음하고 있었다. 빅또르로서는 자기 녹음에 참여해달라고 손을 벌리기 민망했다. 그런데 늘 연주자가 부족해서 아무 작업도 하지 못하는 빅또르에게 먼저 도움의 손길을 내민 사람은 찌토프였다. 그는 '아끄바리움' 최고의 베이스 주자이자 드러머이기도 했다. 찌토프의 주선으로 그리벤쉬꼬프도 다시 녹음 연출에 참여하고 뜨로뻴로도 녹음기사로 힘을 합쳤다. 그렇게 해서 빅또르의 첫 번째 일렉트릭 앨범이 3주일이라는 짧은 시간 안에 제작될 수 있었다. 짧은 시간 안에 앨범이 제작되었기 때문에 녹음 과정에서는 다소 혼란도 있었다. 그러나 이 앨범에 실린 노래들은 곧 대부분 하나씩 인기를 끌게 되었다. 앨범 제작에 참여한 멤버들도 상상하지 못한 결과였다. 빅또르가 대중들의 인기를 얻게 된 시발점이 된 앨범도 바로 「깜차뜨까의 지도원」이었다.

그러는 사이에 제2회 레닌그라드 록 클럽 페스티벌이 다가왔다. 「깜차뜨까의 지도원」의 앨범 녹음에 참가했던 4인방, 빅또르, 가스빠랸, 찌또프, 뚜랴노프는 그 성공에 고무되어 록 클럽 페스티벌에 참가하기로 결정했다. 그러나 준비는 부족한데 날짜가 너무 촉박했다. 밀려오는 압박감에 합동연주는 엉망이었다. 준비가 부족하면 부족한대로 '끼노'의 멤버들은 페스티벌 참가 자격을 얻기 위해 록 클럽 예능위원회 오디션에 참가했다. 오디션에서 '끼노'는 프로그램이 약하다는 지적을 받았지만 그리벤쉬꼬프의 보이지 않는 지원, 모스끄바로부터 걸려온 음악비평가 뜨로이츠끼의 압력전화 등에 힘입어 록 클럽 페스티벌에 참가할 수 있었다. 페스티벌 결선에서 빅또르는 〈비핵지대〉, 〈낭만주의자의 나들이〉, 〈손님〉, 〈시간은 있는데 돈이 없구나〉 등을 노래했다. 제2회 페스티벌에서 빅또르의 무대는 전혀 예상치 못한 성공을 거두었다. 지하 록 잡지 '록 시(詩)'는 "다른 사람들이 흉내낼 수 없는 빅또르 최의 개성, 대학생다운 참신함, 그의 펑크 머리, 〈낭만주의자의 나들이〉같은 노래들은 '끼노로 하여금 가장 앞서 가는 새로운 물결이 될 가능성을 보여주었다"고 극찬했다. 러시아 록의 살아있는 신이라 불리던 그리벤쉬꼬프도 '끼노'의 공연 후, "솔직히 그 친구들의 연주가 끝난 후에 난 분장실로 찾아가기가 두려웠어. 왜냐하면 그 친구들은 살아있는 별들인데, 나는 대체 누구인가 하는 생각이 들었기 때문이야"라고 고백할 정도였다.

앨범 발표나 록 클럽 페스티벌에서의 성공으로 마음이 들뜬 빅또르는 공원조경회사의 일을 거의 제쳐놓았다. 나무 조각을 파는 일에서 이미 마음이 떠나버린 것이다. 생계야 다른 직장을 구해서 해결하면 될 문제라고 생각했다. 그러던 빅또르는 여름이 되자 엉뚱하게도 갑자기 바다가 보고 싶어졌다. 돈은 한 푼도 없었지만 빅또르는 아무 대책 없이 마리안나를 데리고 끄르임 반도로 휴가를 떠나버렸다. 기차 승무원으로 일하는 친구의 도움을 받아서 무사히 기차에 승차했으니 검표원의 눈을 피해 이리저리 자리를 옮겨 다니는 불편쯤이야 얼마든지 감수할 수 있었다. 여름휴가를 마치고 레닌그라드로 돌아오자 그를 기다리는 것은 오랫동안 고대하던 새로운 일자리였다. '깜차뜨까'라고 불리는 보일러실의 화부

자리였다. 그에게 맡겨진 일은 지도원도 없는 보일러실에서 혼자 화구에 석탄을 나르는 것이었다. 야호! 보일러공 작업이 육체적으로 힘들고 작업환경도 열악하겠지만 눈치를 볼 감독관도 없으니 정신적으로 피곤한 일은 아니었다. 더구나 근무 조건도 너무 마음에 들었다. 하루 종일 근무하면 이틀을 쉴 수 있었다. 이제 빅또르는 쉬는 날을 잘 이용하면 지방순회공연도 마음껏 다닐 수 있게 되었다. 그의 노래 〈깜차뜨까〉와 〈나는 보일러공이 되고 싶어〉 등은 보일러공이란 직장을 얻은 기쁨, 아니 더 정확히 말하면 음악활동을 마음껏 할 수 있다는 기쁨이 배어있는 노래들이다. 실제로 보일러공이 된 후 빅또르의 활동은 점점 더 활발해졌고 영화같은 다른 영역으로 무대를 넓혀갔다. '깜차뜨까' 보일러실에서 일하며 빅또르는 그해 가을부터 오랜 친구인 나우멘꼬와 함께 스베르들롭스크, 노보시비르스크 등 시베리아 지역으로 순회공연을 다닐 수 있었다.

변화의 아이콘

군 문제가 해결되고 음악적으로도 연이어 성공을 거두자 빅또르는 마리안나와 정식으로 결혼하기로 마음먹었다. 임신한 마리안나를 위해서라도 더 이상 결혼을 미룰 수는 없었다. 1985년 2월 4일 빅또르는 동거생활을 청산하고 결혼식을 올렸다. 소련에서는 결혼식이라고 해봐야 시당국에 결혼 사실을 신고하고 친지들을 초청해서 파티를 여는 것이 전부였다. 매일 끼니를 걱정할 정도로 가난했던 빅또르와 마리안나는 평소 입던 소박한 옷차림으로 수백 명의 레닌그라드 뮤지션들의 축복을 받으며 결혼했다. 그리고 그로부터 몇 달 후 마리안나는 아들을 낳았다.

빅또르는 고려인 4세로 태어난 아들에게 강한 남성적 이미지를 지닌 이름을 선사하고 싶었다. 그의 고민은 한 달 반이나 지속되었다. 마침내 빅또르는 아내에게 "찌무르란 이름이 어떨까?"하고 말했다. 중앙아시아식 이름이었다. 자신의 여권에 출신민족이 러시아인이라고 표기되어 있는 빅또르는 그동안 자신의 민족적 정체성을 별로 의식하지 않고 살아왔었다. 그런데 아들을 낳고 그 이름을 지어야하는 순간에 이르자 혈통 문제를 진지하게 고민하기 시작했던 것으로 보인다. 그는 러시아식 이름보다는 중앙아시아식 이름에서 훨씬 많은 동질감과 친근감을 느끼고 있었다. 그런 빅또르를 향해 마리안나는 질색하면서, "알렉산드르란 이름에 동의하지 않으면, 난 내일 시청에 크리스토프라고 등록할 거예요"라며 반대했다. 어쩔 수 없이 빅또르는 아들의 작명을 아내에게 양보해야 했다.

 1985년은 빅또르가 가장 분주하게 보낸 한 해였다. 결혼과 출산, '끼노'의 새 멤버 보강, 녹음과 공연의 반복… 게다가 아내는 임신을 이유로 매니저 일에서 점점 손을 놓고 있었다. 그래도 '끼노'의 작업은 계속되었다. 봄부터 빅또르는 새 앨범 「밤」의 녹음 작업에 착수했다. 그러나 빅또르나 다른 멤버들 생각에 새로 제작될 앨범은 앞선 앨범들과는 무언가 달라야했다. 그들은 평범한 리듬을 원하지 않았다. 어떤 그룹의 리듬보다 앞선 첨단의 리듬이 그들에게는 필요했다. 그래서 '듀란듀란', '울트라 박스', '휴먼 리그' 등 해외 자료들을 수집해서 연구하기 시작했다. 앨범 '밤'의 녹음작업은 기약 없이 연기되었고 그 대신 또 다른 앨범 「이건 사랑이 아니야」의 녹음에 착수했다. 녹음 스튜디오는 선택의 여지없이 비쉬냐의 스튜디오로 결정되었다. 스튜디오는 너무 좁아서 드럼을 들여놓을 수 조차 없었다. '끼노'의 멤버들은 드럼을 대신해서 연주할 타악기를 직접 제작해야 했다. 녹음 과정에서 그들의 스트레스는 극에 달했지만 공연을 하듯 애써 스튜디오 분위기를 즐겁게 이끌어갔다. 무사히 녹음을 끝내고 나자 빅또르는 마침내 해냈다는 성취감이 들었고 악조건 속에서 만들어낸 소리에 향수마저 느꼈다. 이 앨범에는 「이건 사랑이 아니야」를 비롯해서 「봄」, 「떠나버려」, 「도시」 등 총 열 한 곡이 실렸다. 빅또르의 「낭만주의자」 시리즈 중 마지막 앨범이었다.

빅또르가 음악에 빠져있는 동안 그의 신혼살림은 말이 아니었다. 집에는 먹을 양식이 바닥났고 새로 태어난 아기는 가난한 부모로부터 아무런 물질적 혜택을 받지 못했다. 밖에서는 화려한 록 스타로 주목받았겠지만 빅또르의 생활고는 처참한 상태를 벗어나지 못하고 있었다. 그는 불충분한 생활비를 보충하기 위해서 틈틈이 집주변 목욕탕에서 청소작업까지 해야 했다.

1986년 1월이 되어서야 앨범 「밤」의 제작이 끝났다. 이 앨범은 새로운 리듬에 도전하는 빅또르 '영웅' 시리즈의 첫 작품이었는데 여기에는 〈우린 밤을 보았어〉, 〈영화〉, 〈너의 전화번호〉 등 총 11곡이 실렸다. 그런데 몇 년 후의 일이긴 하지만 이 음반을 두고 빅또르와 멜로지야 음반사 사이에 커다란 갈등이 생겼다. 국영음반사인 '멜로지야'는 1988년 빅또르의 앨범 「밤」을 무단으로 출시하는 횡포를 부린 것이다. '멜로지야'는 당시 소련에서 음반의 제작과 판매를 독점한 유일한 국영기업이었다. 이 음반사는 대중적 인기를 얻고 있는 록 스타들의 음반에 군침을 흘리다가 빅또르와 한 마디 상의도 없이 음반을 찍어냈다. 물론 빅또르에게는 한 푼의 저작료도 지불하지 않았다. 빅또르를 더욱 분노하게 만든 것은 음반의 표지까지 마음대로 제작했다는 점이다. 평소 자신의 음반 도안은 스스로 제작했던 빅토르로서는 분통터지는 일이었다. 멜로지야 음반사의 이런 횡포는 다른 록 스타들에게서도 종종 일어나고 있었다. 또 다른 유명 록 그룹 'DDT'의 음반이 1988년에 밀리언셀러를 기록했지만 '멜로지야'사는 이 그룹에 겨우 50루블(약 60불)정도만 지불하기도 했다.

얼마 후 '끼노'는 다시 멤버가 교체되는 진통을 겪었다. '아끄바리움'과 '끼노' 양쪽에서 활동하던 찌또프가 어느 그룹에서 활동을 해야 할지 최종적으로 선택해야할 시간이 다가온 것이다. 날이 갈수록 바빠지는 콘서트 일정을 정상적으로 소화하려면 두 그룹 사이를 오가며 활동하기란 이제 불가능했다. 찌또프로서는 결단을 내려야했다. 그런데 문제는 '끼노'가 이제 지명도를 높여가는 반면, 당시 '아끄바리움'은 러시아 최고의 인기를 누리고 있었다는 점이다. 결국 찌또프는 오랜 고민 끝에 '아끄바리움'을 택했고 그의 빈자리는 찌호미노프가 대신했다. 찌또프는 '끼노'가 록 그룹으로 자리 잡을 초기에 결정적인 역할을 했던 중요한 멤버였다. 하지만 찌또프의 결별선언은 어쩔 수 없는 것이었다. 고맙게도 찌또프는 마지막 순간에도 '끼노'에게 도움이 필요할 때면 언제든 달려오겠다고 약속했다. 다행히 대체 멤버인 찌호미노프는 찌또프의 빈자리를 충분히 메워주었고 그의 투철한 프로 정신은 '끼노' 콘서트 때마다 빛을 발했다.

그 사이에 소련에는 50대 중반의 젊은 고르바초프가 소련공산당 서기장에 오르면서 소비에트 사회 전반에 변화를 일으키고 있었다. 이미 1970년부터 소련은 정치, 경제, 사회 등 거의 모든 분야에서 막다른 골목으로 내닫고 있었다. 고르바초프는 노쇠한 혁명세대를 퇴출시키고 사회주의 재건운동에 나섰다. 소위 뻬레스뜨로이까(재건)와 글라스노스찌(개방)라 불리는 그의 새로운 노선에 따라 국제사회는 냉전이 종식되고 평화와 협력의 분위기가 조성되었다. 소련 내부에서도 스딸린주의는 완전히 퇴출되고 왜곡된 역사와 탄압받은 개인의 인권이 정상화되는 정책과 법률 개정이 잇달았다. 글라스노스찌 정책 덕분에 소련사회 내부에 엄존하던 공식문화와 비공식문화의 경계도 점차 희미해지자 언더그라운드 문화는 따스한 양지로 나올 수 있었다. 로커들의 활동도 더욱 활발해졌고 그들의 사회적 위상도 높아져갔다.

고르바초프가 국제사회에서 새로운 정치적 변화를 주도하는 상징적 인물이라면, 소련 문화계에서 시대의 변화를 상징하는 인물은 빅또르였다. 사실 빅또르는 한 번도 정치적 구호를 내세우지 않았지만 자신도 모르는 사이에 어느덧 한 시대의 상징적 인물로 떠오르고 있었다. 빅또르의 의도와는 상관없이 소련 국민들은 그의 노래에서 자유와 변화를 읽어나갔다. 소련 국민들, 특히 출구를 찾고 싶은 젊은이들에게 자유와 평화를 갈망하는 빅또르의 노래는 삶에 지친 사람들의 목소리를 대변하는 것으로 인식되었다. 더구나 우수에 젖은 강력한 그의 목소리는 샤먼의 주술처럼 사람들의 가슴을 파고들었다. 다른 사람들에게서는 찾아볼 수 없는 그의 당당한 카리스마도 변화의 시대를 견디고 다시 희망을 찾을 수 있다는 믿음을 심어주기에 충분했다. 이제 빅또르는 뻬레스뜨로이까, 글라스노스찌 정책과 더불어 사회주의 이데올로기의 파괴자, 대중문화운동의 상징으로 부각된 것이다.

찌또프는 그룹에서 이탈했지만 찌호미노프의 가세로 그룹은 오히려 안정되었다. '아끄바리움'은 이미 과거의 그룹으로 퇴색했으며, '끼노' 그룹에는 이미 그들의 조언도 도움도 필요 없었다. '끼노'는 어느덧 황금기를 향해 달리고 있었다. 1986년 봄에 열린 제4회 레닌그라드 록 클럽 페스티벌에서 '끼노'는 최고 작사상을 수상하며 자신들의 전성기가 왔음을 알렸다. 또 같은 해 여름에 모스끄바에서 열린 록 페스티벌에서 마지막 무대를 장식한 그룹은 '아끄바리움'이었지만 청중들의 관심은 온통 '끼노'에 집중되어 있었다. 소련 전역에서는 점점 끼노 마니아들이 늘어나기 시작했다. 이 무렵 소련의 문화적 변화를 소개하기 위해 미국에서 출반된 음반「붉은 물결」에서도 끼노의 노래들이 음반 한 면 전체를 채운 반면, 다른 한 면에는 '아끄바리움', '알리스', '이상한 게임'의 노래가 일부 소개될 정도로 '끼노'에 대한 외국에서의 관심도 달라져갔다.

록스타에서 은막의 스타로

연이은 음반 발표로 빅또르의 인기는 하루하루가 다르게 치솟았다. 그러자 빅또르를 다른 눈으로 바라보기 시작한 것은 음반시장만이 아니었다. 록 음악이 소련에서 공식적으로 인정되면서 영화계도 록 음악과 로커들에게 관심을 갖기 시작했다. 로커들을 영화에 출연시키면 상업적으로도 성공할 가능성이 매우 커보였다. 1986년 영화감독들은 빅또르에게 몇 편의 영화촬영을 제안했다. 빅또르는 영화에도 흥미를 느끼고 있었으므로 아무 조건 없이 영화 출연을 승낙했다. 그가 출연한 첫 번째 영화는 ≪이야-하!≫였다. 이 영화는 라쉬드 누그마노프가 감독을 맡았는데, 누그마노프는 당시 영화대학 2학년생이었다. 그는 대학생다운 젊은 패기로 이 영화를 시나리오대로 촬영하는 것이 아니라 현장에서

즉흥적으로 촬영하는 기법으로 참신한 영화를 만들어냈다. 영화 ≪이야-하!≫에서는 당대의 대표적인 록 스타 깝체프, 그리벤쉬꼬프, 빅또르 세 사람이 주인공으로 등장하여 로커들의 실제 생활을 마치 오늘날의 뮤직비디오처럼 노래와 다양한 영상으로 보여주었다. 당시 대중들에게는 록 스타들을 영상 속에서 만날 기회가 거의 없었기 때문에 이 실험적인 영화는 소련 전역에서 곧 커다란 성공을 거두었다.

영화 ≪이야-하!≫를 통해 로커들의 흥행성을 확인했지만 영화계는 많은 록 스타들 중에서도 유독 빅또르를 선호했다. 그에게는 남들이 흉내 낼 수 없는 강력한 카리스마가 있기 때문이었다. 그 덕분에 빅또르는 곧 두 번째 영화 ≪방학의 끝≫을 촬영했다. 이 영화는 세르게이 르이센꼬 감독에 의해 제작되었다. 그러나 빅또르가 주연으로 출연했음에도 불구하고 영화는 실패하고 말았다. 대중적 호응도 없었을 뿐만 아니라 비평가들의 주목도 받지 못했다. 주제는 시대의 흐름에 맞는 '자유'로 선택되었지만 부자연스럽고 단순한 내용이 영화를 실패하게 만들었다. 그럼에도 불구하고 빅또르는 그 영화를 좋아했다. 흥행에 실패했다는 사실을 알고서도 그는 "영화에서 연기를 하는 것이 아니라 나 자신을 표현할 수 있는 권리를 준다면 나는 영화를 찍겠다"며 배우로서의 소신을 분명히 밝혔다. 그해 여름 빅또르는 알렉세이 우치쩰 감독의 기록영화 ≪록≫에도 출연해야 했다. 날이 갈수록 영화계는 빅또르를 더욱 주목했다. 영화감독들은 빅또르의 연기력에 의문을 가지면서도 절대 카리스마의 소유자, 최정상의 인기가수라는 사실이 영화의 흥행을 보장해줄 거라고 믿고 있었다.

1987년 여름 '끼노' 그룹은 록 클럽 페스티벌에서 마지막 무대에 등장하여 노래 〈혈액형〉 시리즈를 불렀다. 만족스러운 무대는 아니었지만 빅또르는 특별상을 수상했다. 연이은 영화 촬영과, 순회공연들 그리고 보일러공의 힘든 노동... 영화출연도 콘서트도 실제로 빅또르의 생활에 도움이 되지는 못했기 때문에 빅또르는 보일러실에서 삽질을 계속해야 했다. 그러나 록 스타로서 또 영화배우로서 그의 대중적 인기는 점점 높아졌고 그 사이 그는 국민적 영웅으로 부각되고 있었다. 영웅의 출현을 요구했던 시대는 빅또르에게 그런 이미지를 찾아내고 있었다. 이미 소련 전역에서는 빅또르와 '끼노'의 광적인 팬들도 등장하기 시작했다. 대중들은 크고 작은 근심과 걱정이 산적한 현실을 살아가면서 자신들의 삶의 구원자는 아니겠지만 적어도 시대에 당당히 맞서는 영웅을 필요로 했기 때문이었다. 하지만 가수로서 배우로서 황금기가 가까워질수록 그의 내면은 점점 더 고립되고 있었다.

그해 가을에 빅또르는 장편예술영화 ≪앗사≫의 출연 제안을 받고 모스끄바와 얄따로 날아다녔다. 그리고 거기서 금발의 마리안나와는 전혀 다른 분위기를 풍기는 검은 머리의 미녀 나딸리야 라즐로고바를 만났다. 세 살 연상의 마리안나에게 콤플렉스를 느끼던 빅또르에게 새롭게 찾아온 사랑이었다. 그때부터 빅또르는 모스끄바를 찾는 일이 잦아졌고 두 사람 사이는 심각한 관계로 발전했다. 마리안나는 두 사람의 관계를 눈치챘으나 큰 다툼은 벌어지지 않았다. 1987년부터 빅또르와 마리안나는 사실상 이혼 상태나 다름없는 별거에 들어갔다. 빅또르는 마리안나에게 공식적으로 나딸리야를 소개하면서 이혼을 요청했지만 마리안나는 아들 알렉산드르의 양육을 문제 삼으며 계속 거절했다. 빅또르는 나딸리야에게서 정신적 안정과 평화를 얻고 있었다. 빅또르는 아예 거처를 모스끄바로 옮겨버렸다. 그렇지만 마리안나와 연락마저 끊은 것은 아니었다. 그리고 아들 알렉산드르를 종종 모스끄바로 데려가 함께 휴가를 떠나곤 했다.

1987년 8월 까자흐스딴 출신의 누그마노프 감독이 고향 알마아따를 방문했을 때 카자흐 필름 스튜디오는 ≪이글라(주사바늘)≫라는 영화 제작을 맡아달라고 요청했다. 하지만 이 영화는 이미 다른 감독이 촬영을 진행하던 작품이었다. 본의 아니게 다른 감독을 중도에서 탈락시키고 촬영을 맡게 된 누그마노프는 주제도 바꾸고 주연도 비직업 배우로 교체하겠다는 조건을 내걸었다. 카자흐 필름 스튜디오 지도부로부터 승낙이 떨어지자 그는 곧바로 빅또르에게 전화를 걸어 출연을 요청했다. 빅또르는 시나리오도 보지 않고 무조건 동의했다. 며칠 후 그는 알마아따 촬영 현장으로 날아갔다.

까자흐스딴의 수도 알마아따에는 많은 고려인들이 거주했다. 그곳은 빅또르 아버지가 강제이주로 정착한 곳이기도 했다. 그래서 그 도시에 남다른 친근감을 느껴오던 차였다. 빅또르가 알마아따 거리로 나서자, 그의 주변에는 많은 고려인들이 그를 둘러쌌다. 빅또르는 낯설었다. 자신의 몸속에 고려인의 피가 섞여있다는 사실을 잊고 산지 오래였던 것이다. 빅또르는 한순간 당황했다. 그러나 자신을 바라보는 고려인들의 눈에는 빅또르를 자랑스럽게 생각하는 따뜻한 동포애가 담겨 있었다. 그때부터 그는 자신에게는 고려인의 피가 흐르고 있음을 새삼 자각하게 되었다. 그 이후 알마아따를 방문할 때마다 빅또르는 고려인 식당에 들러 아버지가 만들어주던 한국음식을 먹곤 했으며 모스끄바, 소치, 알마아따, 타쉬켄트 등에서 콘서트를 열 때면 빠뜨리지 않고 고려인 식당을 찾았다.

영화 ≪이글라≫은 주인공 모로(빅또르 분)가 마약을 거래하는 마피아들과 외로운 투쟁을 벌인다는 내용을 담고 있었다. 빅또르는 이 영화에서 주인공 모로 역할을 맡았을 뿐 아니라 영화 주제가 〈혈액형〉을 작곡했다. 그리고 〈태양이라는 이름의 별〉, 〈보쉐뚠마이〉를 새롭게 편곡한 후 모스 필름에서 녹음해 영화에 삽입시켰다. 영화 ≪이글라≫에서 빅또르는 배우로서뿐 아니라 음악감독까지 다양한 역할을 열정적으로 소화했다. 그렇지만 촬영이 진행되는 도중에도 빅또르는 그 영화가 성공하리라고는 생각하지 못했다. 하지만 1988년 우끄라이나 오데사에서 열린 '황금공작' 영화제에 출품되었을 때 ≪이글라≫은 '주목할 만한 시선' 부문 경쟁에서 영화클럽상을 수상하는 쾌거를 올렸다. 게다가 영화가 상영되기 시작한 1989년 첫 해 11개월 동안에만 천 4백 6십만 명의 관객을 동원하여 소비에트 영화 중에서 전체 2위에 해당하는 흥행성적을 올렸다. 또 같은 해 소련의 영화잡지 '소비에트 스크린'은 빅또르를 '올해의 배우'로 선정하기도 했다. 이로써 빅또르의 배우 자질에 대한 시비는 일거에 해소되었다. ≪이글라≫의 대성공은 배우 빅또르와 감독 누그마노프의 명성을 소련 뿐 아니라 전 세계에 알리는 계기가 되었다. 두 사람은 수없이 외국영화제에 초청받는 영광을 누렸으며, 1990년 독일 뉘른베르그 국제영화제에서는 ≪이글라≫가 그랑프리를 수상했다. 이제 빅또르는 록스타로서 뿐만 아니라 영화배우로서도 성공가도를 달리고 있었다.

황금기를 맞다. 그러나...

영화에서 대대적인 성공을 거두는 동안 새로운 음반 작업이 끝나가고 있었다. 1986년부터 록 페스티벌이나 영화 ≪이글라≫을 통해 선보였던 앨범 「혈액형」이 1988년에 이르러서야 완성된 것이다. 이 앨범이 나오자 대중들의 반응은 뜨거웠다. 음반에 수록된 노래들마다 연이어 히트를 쳤으며 앨범은 록 장르 중에서 가장 많은 판매고를 올렸다. 가수로서 빅또르의 위상은 음반 「혈액형」을 통해 최고조에 이르렀다. 「혈액형」에서 빅또르는 의미 없는 전쟁에 내몰리는 젊은이들의 비극과 그들의 슬픔을 노래하면서 탈냉전과 반전이라는 시대의 변화, 세계적 이슈에 답하고 있었다. 무겁고 거대한 주제 앞에는 최소한의 풍자나 농담도 허용될 수 없었다. 음산한 터널을 지나가듯 음악적 분위기는 어둡고 암울했다. 음반

「혈액형」에는 대중음악으로 만든 한 편의 비극이라는 찬사가 쏟아졌다. 앨범 「혈액형」의 인기는 점점 높아갔고 음반을 구하려는 사람들은 늘어갔다.

> 이곳은 따뜻해, 하지만 거리는 우리의 발자국을 기다리고.
> 별빛이 군화에 물드네.
> 푹신한 안락의자, 바둑무늬 군복, 정시에 당기지 못한 방아쇠.
> 햇살 가득한 날은 찬란한 꿈속에나 있을 뿐.
>
> 소매 위에 새겨진 혈액형˙
> 소매 위에 새겨진 군번.
> 전투에서 행운을 빌어줘,
> 행운을 빌어줘,
> 이 풀밭에 쓰러지지 않기를,
> 이 풀밭에 쓰러지지 않기를.
> 내게 행운을 빌어줘,

「혈액형」은 젊은 세대뿐 아니라 기성세대로부터도 대대적 호응을 얻었다. 이 노래는 소련 사람들에게 아프가니스탄 전쟁에서 무력하게 죽어가는 소련의 젊은이들을 연상시켰다. 전쟁으로 인해 이미 소련 경제는 파탄 나고

※ 소련군에서는 병사가 전쟁에서 부상을 당해 수혈등의 응급조치가 필요할 경우를 대비해 군복 소매에 혈액형을 표시한다.

5만 명이 넘는 젊은이들이 희생되는 현실을 더 이상 용납할 수는 없었다. 국민들의 눈에 소련은 더 이상 전쟁을 계속할 명분이 없었다. 〈혈액형〉은 수많은 소련 국민들의 이런 목소리를 담고 있었다. 그러나 마치 불을 토하는 사자후를 내뱉는 다른 로커들과는 달리 빅또르는 나즈막하고 슬픈 목소리로 노래했고 그 목소리는 청중들의 감성을 자극했다.

　〈혈액형〉이 대중적으로 성공한 것은 어쩌면 당연한 일이었는지 모른다. 가사의 주제도 시대적 흐름에 따랐고, 또 처음으로 정규멤버들만으로 녹음했기 때문에 연주 호흡도 이상적이었다. 빅또르의 창작력은 성숙기를 맞았고, 멤버들의 연주력도 무르익어 있었다. 뿐만 아니라 ≪앗사≫와 ≪이글라≫의 촬영을 통해 빅또르는 영화적 감성까지 물려받고 있었다. 영화 속의 슬픔이 가득한 신비스럽고 비극적인 젊은이의 형상은 그의 가사 속에서 때로는 조용한 동양적 시각으로 또 때로는 이념적 시각으로 그려졌다. 소련 국민들에게 그의 노래는 참된 호소로 받아들여졌으며, 기울어가는 소비에트 공화국을 묵묵히 지켜보는 젊은 세대의 페시미즘적 감성을 건드렸다. 젊은이들은 자신들과 다를 바 없는 평범한 보일러공 출신의 젊은 시인의 모습에서 불안한 시대를 걸어가는 자신의 모습을 발견했던 것이다.

　1988년을 기점으로 빅또르와 '끼노' 그룹의 인기는 가파른 상승곡선을 그렸다. 그가 국민들로부터 받은 사랑과 인기는 소련 역사에서 전례를 찾기 힘들 정도였다. 쇄도하는 공연 요청으로 그에게는 전문적인 매니저가 필요해졌으며 공연수입도 상당한 수준에 달하고 있었다. 이제 빅또르는 보일러공이란 직업을 그만둘 수 있었다. 그해 빅또르와 가스빠랸은 조안나˚의 초청으로 미국여행을 다녀왔다. 빅토르는 미국을 방문하는 동안 순회공연을 하고 싶었으나 결국 성사되지 못했다. 미국여행을 통해 빅토르는, 냉전종식의 열풍을 타고 서방사람들이 소련 로커를 환대하지만 그들의 관심은 단지 호기심 수준에 불과하다는 사실을 확인했다. 그래서 해외공연 요청이 들어오더라도 그는 단호히 거절했다. 다른 그룹들은 초청 조건과 관계없이 부르기만 하면 응하던 시절이었다. 하지만 빅토르는 가사의 의미도 모르는 사람들 앞에서 노래를 부르느니, 차라리 더 많은 소련 국민들과 소통하는 것이 낫다고 생각했다.

 그런데 갑자기 상황의 변화가 생겼다. 1988년 12월 소련방 공화국의 하나인 아르메니아에서 진도 7.2도의 대규모 지진이 발생한 것이다. 이 지진으로 인해 아르메니아에는 사망자만 2만 5천명이 넘는 참혹한 인명피해와 수도 스피타크를 포함한 전국 58개 도시가 파괴되는 대재앙이 일어났다. 빅토르는 절망으로 신음하는 아르메니아인들을 외면할 수 없었다. 그는 자신의 원칙을 바꾸어 1989년 1월 아르메니아 지진피해돕기 자선콘서트에 참여했다. 자선콘서트는 덴마크에서 열렸으며 빅토르는 여기에서 얻은 수익금 전액을 아르메니아 구호기금에 기부했다. 덴마크 공연 이외에도 해외공연이 한 번 더 있었다. 파리에서 열린 소비에트 록 페스티벌이었다. 빅토르는 '아욱치온'과 '즈부끼 무' 그룹과 함께 페스티벌에 참여했다. 파리 공연은 새로운 앨범 「마지막 영웅」이 파리에서 출시되는 날짜에 맞춘 것이었다. 「마지막 영웅」에는 〈나는 변화를 원해〉, 〈슬픔〉 〈마지막 영웅〉 등이 실렸다. 그의 새로운 앨범은 출시되자마자 프랑스에서만

˚ 미국여성으로 1980년대 중반 소련에 입국한 후 레닌그라드 록 그룹들을 비롯한 문화인들을 비롯한 문화인들을 후원했으며 1987년에는 '끼노' 멤버인 가스빠란과 결혼했다.

수천 장이 팔려나갔다.

　12월 말에 접어들면서 새 앨범 「태양이라는 이름의 별」이 발매되자 빅또르의 인기는 상상을 초월할 정도로 높아졌다. 그의 노래들에서 대중들은 심오한 철학적 잠언, 내재된 슬픔, 경험 속에서 얻은 지혜, 한층 넓어진 정신세계를 읽었다. 빅또르는 더 높은 단계로 비상했다. 사람들은 환호했고 공연요청은 쇄도했다. 빅또르와 '끼노' 그룹은 1988년 한 해 동안 총 56회의 대규모 순회공연을 가졌고, 1989년에 예약된 초청공연만 해도 87회에 달할 정도였다.

　그러나 끼노가 성공을 거듭하자 세상은 빅또르의 외형에만 주목할 뿐, 그가 겪는 내면적 고뇌와 슬픔에는 무관심했다. 빅또르는 알마아따 촬영날이면 외로움을 호소하며 호텔 대신 감독의 아파트에서 지낼 정도로 마음여린 젊은이였다. 물론 누군가는 빅또르의 세계가 출구 없는 현실 속에서 결속된 외로운 사람들의 형제애라고도 했지만, 대부분의 사람들은 빅또르 앞에는 찬란한 미래만이 있다고 믿었다. 이미 수많은 히트곡을 냈으니 2,3년 정도는 새 노래를 발표하지 않아도 충분히 열매를 거둘 수 있다는 의미였다. 이렇게 외눈박이 세상은 빅또르의 성공스토리에만 열중하고 있었다.

　하지만 점점 콘서트 규모가 커지고 순회공연이 늘어날수록 빅또르가 헤쳐가야 할 현실의 벽도 두터워져갔다. 콘서트를 앞두고 금전 문제가 해결되면 콘서트의 방향이 프로듀서의 손에서 좌우되거나, 혹은 그 반대인 경우가 태반이었다. 빅또르는 '끼노'의 정체성을 지키기 위해 종종 금전적 수입을 포기했다. 하지만 그럴 때마다 그는 독선적 결정을 내렸다는 멤버들의 비난에 직면해야 했다. 그룹의 리더로서 빅또르는 괴로웠고 멤버들은 멤버들대로 불만이 쌓여갔다. 빅또르는 진심으로 대화할 상대가 점점 줄어갔다.

  1990년 봄 빅또르는 일본의 대형 연예기획사인 아뮤즈 코퍼레이션사의 초청을 받아 도쿄를 방문했다. 평소 빅또르를 헌신적으로 후원하던 조안나도 함께 동행했다. 누그마노프 감독 역시 초청되었으나 그는 미소 합작영화를 추진하기 위해서 뉴욕을 방문하고 있었다. 동양문화에 흠뻑 빠져있던 터라 빅또르는 일본 방문이 너무 기뻤다. 동양의 문화를 두 눈으로 직접 확인도 하고 아직 자신의 존재를 모르는 아시아에서 투어 콘서트를 아뮤즈 코퍼레이션 측과 상의할 생각이었다. 그러나 예상과 달리 일본에서 빅또르는 이미 모르는 사람이 거의 없을 정도로 유명세를 타고있는 소비에트 록 가수였다. 그의 앨범 「혈액형」이 1988년부터 일본에서 콤팩트 디스크로 판매되고 있었던 것이다. 짧은 방일 기간 동안 아뮤즈 코퍼레이션 측은 빅또르에게 일본 전국 순회공연을 제안했다. 빅또르는 일본공연에 동의했고 그 계획은 머지않아 실현될 예정이었다. 일본 방문에서 얻은 성과에 만족한 빅또르는 아직 공식수교를 맺기 전이었지만 한국에서도 콘서트를 계획하고 있었다. 그러나 그의 아시아 투어 계획은 갑작스런 사고로 모두 수포로 돌아가고 말았다.

마지막 영웅의 죽음

계속되는 영화촬영과 콘서트로 빅또르의 심신은 지쳐가고 있었다. 1990년 봄 모스끄바 올림픽 종합경기장에서 이틀 연속 열린 '끼노'의 단독 콘서트가 끝나자 그때부터 벌써 그는 여름휴가를 리가에서 보낼 계획을 세웠다. 제일 좋은 휴가지는 라뜨비아의 수도 리가에서 가까운 작은 통나무집이었다. 그곳은 울창한 침엽수로 둘러싸여서 조용했으며 발틱해도 가까워 해변에 나가기도 좋았다. 종종 나딸리야와 함께 찾아가서 머리도 식히고 새로운 작품도 구상하던 장소여서 빅또르에게는 도로나 숲, 호수 등 모든 것이 낯익고 편안했다. 더구나 통나무집에서 멀지 않은 곳에 한적한 호수가 있어서 낚시를 좋아하던 빅또르에게는 안성맞춤이었다. 여름이 다가오자 빅또르는 오랫동안 계획한 여름휴가를 실천에 옮겼다.

함께 휴가를 보내기 위해 레닌그라드에서 아들 알렉산드르도 데려왔다. 이렇게 휴가 준비를 마친 빅또르는 나딸리야와 알렉산드르를 데리고 오랜만의 가족여행을 떠났다. 그 자리에는 얼마 전 함께 녹음을 끝낸 가스빠랸도 동행했다.

  8월 13일 새로운 작품의 녹음 문제를 상의하던 가스빠랸은 레닌그라드로 먼저 돌아갔다. 이제 세 사람만의 오붓한 시간이 남았을 뿐이었다. 그러나 8월 14일 밤 빅또르는 새로 녹음한 데모 테이프를 듣느라 잠에 들지 못했다. 아무리 생각해도 연주가 마음에 들지 않았다. 그는 밤새 잠자리를 뒤척거리다가 알마아따에서 촬영 중이던 누그마노프에게 전화를 걸었다. 빅또르는 예정된 영화를 찍기 위해선 곧 까자흐스딴으로 날아가야 했지만 아무래도 녹음 문제를 해결해야 할 것 같은 생각이 들었던 것이다. 리가 현지 시간이 새벽 5시이므로, 알마아따는 이미 근무시간이 시작됐을 것이다. 빅또르는 바쁘다는 핑계를 대며 촬영일정을 미뤄달라고 누그마노프에게 요청했다. 통화를 끝내고도 빅또르는 잠이 오지 않았다. 그는 레닌그라드에서도 종종 그랬듯이 낚시나 가야겠다고 생각했다. 빅또르는 어린 알렉산드르를 데려가려고 흔들어 깨웠지만 잠에 취한 아들은 꼼짝도 하지 않았다. 할 수 없이 빅또르는 낚시도구를 챙겨서 혼자 집을 나섰다.

  그리고 몇 시간 후, "오늘 아침 유명 가수이자 작곡가, 그룹 끼노의 리더인 빅또르 최가 라뜨비아에서 자동차사고로 사망했다"는 소식이 전파를 타고 전 소련에 알려지기 시작했다. 신문에는 빅또르의 죽음이 대서특필되었고, 라디오와 텔레비전은 앞다퉈 이 비극적 사건을 주요 뉴스로 다루었다. 그 소식을 접한 젊은이들은 빅또르의 죽음을 믿을 수 없다는 듯 텔레비전 채널을 돌리고 또 돌렸다. 그러나 뉴스는 오보가 아니었고 번복되지도 않았다.

빅또르의 죽음을 확인한 경찰은 공식적으로 다음과 같이 발표했다. "1990년 8월 15일 오전 12시 28분경, 슬로까와 딸시 사이의 도로 상에서 연회색 승용차 '모스끄비치 2141번'과 운행 중이던 버스 '이까루스 250번'의 충돌이 일어났다. 승용차는 시속 130킬로 이상으로 달리고 있었고 운전자 빅또르 최는 브레이크를 통제하지 못했다... 사망전 빅또르 최는 전혀 음주 상태가 아니었다. 사망전 48시간 이내에는 술을 마시지 않았다. 뇌세포 분석 결과, 그는 극심한 피로로 인해 졸았던 것으로 밝혀졌다."

사고로 부서진 자동차에서는 빅또르가 기타반주로 새로 녹음한 카세트 테이프가 발견되었다. 훗날 '끼노' 멤버들은 이 녹음 테이프를 토대로 「검은 앨범」이란 제목의 앨범을 제작했다. 경찰의 발표에도 불구하고 세간에서는 빅또르의 죽음을 둘러싼 온갖 루머가 퍼지기 시작했다. 일부 끼노마니아들은 빅또르의 갑작스런 죽음에 타살설을 제기하기도 하고 또 버스 운전수를 공개하지 않는다는 등 갖가지 의문을 제기하기도 했다. 그러나 마리안나의 증언에 따르면 평소에도 빅또르는 한밤중에 집을 몰래 빠져나가 드라이브를 즐기곤 했다고 한다. 낡은 지굴리 자동차로 150킬로가 넘는 속도를 즐기면서... 라뜨비아에서 일어난 자동차 사고는 모든 정황상 빅또르의 과실로 추정되었다. 그는 졸음운전으로 맞은편에서 달려오던 버스를 아마 보지 못했을 것이다. 이제 막 대중적 사랑을 받으며 인기의 정상에 서는 순간, 빅또르의 삶과 그의 꿈은 그렇게 허무하게 끝나버렸다. 1990년 8월 15일, 그의 나의 겨우 28세에 불과했다. 빅또르의 주검은 며칠 후 레닌그라드로 옮겨져 보고슬랍스까야 공동묘지에 안장되었다. 그의 장례식에는 수천 명의 끼노마니아들이 모여들었다. 빅또르의 죽음에 충격 받은 많은 끼노마니아들이 빅또르를 따라 자살을 시도했다. 그리고 실제로 다섯 명의 소녀들이 목숨을 끊었다.

그룹 리더인 빅또르의 죽음으로 '끼노' 멤버들도 충격과 혼란에 휩싸였다. 하지만 시간이 어느 정도 흐르면서 충격에서 어느 정도 벗어나자, 그들은 미완성된 녹음작업을 끝마치기로 결정했다. 트라우마에서 헤어나지 못한 굴랴노프는 연주에 참여하지 않았고, 남아있는 '끼노' 멤버들은 1991년 초 앨범 발표회를 가졌다. 그리고 그 자리에서 '끼노' 멤버들은 그룹의 공식 해체를 선언했다. 발표회에서는 빅또르의 유지를 잇기 위한 일련의 결정이 뒤따랐다. 빅또르 재단 설립이 의결되고 또 평소 빅또르가 꿈꾸었던 디즈니랜드의 러시아 건설을 추진하기 위해 모금운동을 전개하기로 결정했다.

2011년 7월 러시아 제1 TV 방송국 'ORT'의 프로그램 "사람들은 말한다(뿌스찌 가바럇)"에서는 빅또르에 관한 특집 방송을 다루었다. 이 방송에는 빅또르의 아버지 로베르뜨, 학창시절 담임선생, 음악평론가, 빅또르의 친구이자 영화감독인 누그마노프 등 많은 게스트들이 출연했다. 그들은 많은 방청객들과 함께 빅또르의 노래들을 감상하며 빅또르의 음악을 평가하기도 하고 그에 대한 추억을 회고하기도 했다. 그런데 이 프로그램에서 가장 주목되는 부분은 그간 인권보호 차원에서 공개되지 않던 사고 당시의 버스 운전수의 인터뷰 화면이 등장한 장면이었다. 이미 백발이 된 버스 운전수는 라뜨비아의 사고 현장에서 당시 사고 상황을 생생히 증언했다. 버스 운전수가 보여주는 사고 현장은 지금도 자동차

통행이 드문 한적한 길이었고 도로 한 면은 숲으로 가려져있었다. 그는 자신은 반대편에서 달려오는 자동차를 전혀 보지 못했으며 우발적인 사고였다고 자책하는 목소리로 말했다. 빅또르의 아버지 로베르뜨를 비롯한 모든 지인들과 방청객들은 버스 운전수의 설명에 수긍했다. 빅또르의 비극적 죽음을 둘러싼 여러 억측과 의문들은 사고 20년만에 이렇게 공개적으로 해소되었다.

'끼노', 그 이후

'끼노' 멤버들 중에서 베이스를 맡던 찌로미로프와 드럼과 백보컬을 맡던 굴랴노프는 그룹이 해체된 후 음악 활동을 완전히 중단하고 개인사업을 하고 있다. 또 보컬과 퍼스트 기타를 맡던 가스빠랸도 한동안 음악 활동을 하지 않다가 1997년부터 다시 록 무대에 섰다. 가스빠랸은 '나우찔리스' 그룹에서 활동하던 부뚜소프와 함께 앨범을 만들면서 비평가들의 관심을 끌기도 했다. 하지만 그들은 흥행에는 성공하지 못했다. 나딸리야 라즐로고바는 빅또르가 사망하자 얼마 후 신문기자 도돌레프와 결혼했다.

한때 '끼노'의 매니저이자 프로듀서 역할도 맡았던 마리안나 최는 '끼노'와 빅또르 최의 저작권을 물려받은 후 그의 추모사업을 계속했다. 마리안나는 빅또르를 모델로 한 2부 소설 『기점』을 발간하기도 했으며 아르바뜨 거리에 빅또르의 추모비 건립을 추진하기도 했다. 또 마로즈 레코드사의 도움을 받아 '끼노'의 전작 앨범집을 완성시켰다. 이때 제작된 앨범은 총 13개에 달했는데, 이 중에서 8개는 빅또르의 생전에 만들어진 것이고 나머지 다섯 개는 나중에 수집된 것이었다. 그녀는 만년에 가수 리꼬쉐트, 세르게이 엘자긴, 자슬랍스끼 등의 프로듀서를 맡기도 했으며 또 40세의 나이에 뻬쩨르부르그 동방학대학에서 일본어를 배워 일본책들을 번역하기도 했다. 하지만 2005년 6월 27일 46세에 동거남의 품에 안긴 채 뇌종양으로 사망했다. 그리고 사흘 후 수많은 로커들이 지켜보는 가운데 빅또르의 무덤 옆에 안장되었다.

아들 알렉산드르 최는 어려서부터 아버지 빅또르에게 기타를 배우기도 했지만 가수가 되는 것을 싫어한 어머니의 강한 권유로 음악에서 멀어졌다. 대학에서는 신문방송학과 컴퓨터 프로그래밍을 전공했다. 그러나 5살의 어린나이에 아버지와 작별했던 그에게도 빅또르의 피가 흐르고 있었는지 한때 옛 친구들과 어울리며 밴드에서 베이스를 연주하기도 했다. 지금은 모스끄바에서 개인 회사를 운영하고 있다.

빅또르 최가 사망한 지 거의 10년이란 시간이 흘러갔지만 러시아 국민들 사이에서 빅또르에 대한 열기는 식을 줄 몰랐다. 그러자 옛 멤버들을 주축으로 '끼노'의 재건 움직임이 나타났다. 1998년 12월 뻬쩨르부르그의 스빠르따크 극장에서는 '유리 가스빠럇과 알렉세이 르이빈의 슈퍼 프로젝트, 25곡의 히트곡을 가진 위대한 그룹의 끼노가 다시 처음부터'라는 제목으로 콘서트가 열려서 뜨거운 환호를 받기도 했다. 르이빈이 그룹 '아욱치온' 멤버들을 조직해서 만든 그룹이었다. 또 1999년 모스끄바

메리디안 문화회관에서는 빅또르에게 헌정하는 대규모 콘서트가 열리기도 했다. 2000년 빅또르의 10주기를 맞아서는 리얼 레코드사가 러시아 로큰롤 역사상 최대 규모의 끼노마니아 프로젝트를 헌정했다. 여기에 참가한 팝 그룹들과 로커들은 '끼노'의 노래를 녹음한 후 모스끄바에서 콘서트를 열었다.

section 2

빅또르 최의 음악

빅또르 최와 그룹 '끼노'의 앨범은 「45」 등 공식 앨범 6장과 '46' 등 비공식 앨범 5장이 있다. 앨범의 특성상 공식 앨범이나 비공식 앨범에는 상당수의 노래들이 중복되기도 하고 또 노래의 제목만 수정한 경우가 적지 않다. 여기에서는 중복되는 노래를 생략한 채 공식 앨범에 실린 노래들을 중심으로 실었다. 또 빅또르의 비공식 앨범에 실린 실험적 노래나 샘플링 작업 도중 중지된 노래들은 마지막에 함께 실었다.

45
СОРОК ПЯТЬ - 1982

그룹 '끼노'의 첫 번째 음반이자 가장 사랑받는 음반 중의 하나다. 1982년 안드레이 뜨로뻴로의 스튜디오에서 녹음되었다. 앨범 「45」 녹음 시기를 전후해 '가린과 쌍곡면' 시절 아파트 콘서트장에서 녹음된 실험적 노래들이 「끼노」라는 제목으로 출반되기도 했으나 빅또르의 공식 앨범은 아니다. 앨범 「45」는 녹음 시간이 총 45분이었던 점에 착안하여 붙여진 제목이다.

TRACK

1. 시간은 있는데 돈이 없구나 — *Время есть, а денег нет*
2. 넌 그냥 궁금하겠지 — *Просто хочешь ты знать*
3. 알루미늄 오이 — *Алюминиевые огурцы*
4. 햇살 가득한 날들 — *Солнечные дни*
5. 백수건달 — *Бездельник*
6. 백수건달 2 — *Бездельник 2*
7. 교외선 — *Электричка*
8. 8학년 여학생 — *Восьмиклассница*
9. 나의 친구들 — *Мои друзья*
10. 시타르 연주소리가 들려왔어 — *Ситар играл*
11. 나무 — *Дерево*
12. 언젠가 당신은 비트니끼였죠 — *Когда-то ты был битником*
13. 부엌에서 — *На кухне*
14. 나는 아스팔트 — *Я - асфальт*

시간은 있는데 돈이 없구나
Время есть, а денег нет

아침부터 내리던 비, 하염없이 내리네.
주머니는 텅 비었는데 지금은 6시,
담배도 떨어지고 성냥도 없는데
이웃집 창문마저 불이 꺼져 있네.

시간은 있는데 돈이 없구나,
그리고 아무데도 놀러갈 곳이 없구나.

어디론가 꺼졌는지 갑자기 아무 것도 보이질 않아.
그 어떤 세계로 난 굴러 떨어진 거야.
목도 마르고 배도 고파라.
그냥 아무데나 주저앉고 싶어라.

시간은 있는데 돈이 없구나,
그리고 아무데도 놀러갈 곳이 없구나.

넌 그냥 궁금하겠지
Просто хочешь ты знать

넌 혼자 거리를 걷고 있구나,
친구를 찾아가는 길이겠지.

뜬금없이 그 집에 놀러가서는
새로운 뉴스거리를 물어보겠지.
넌 그냥 궁금하겠지,
어디서 무슨 일이 벌어지고 있는지.
넌 그냥 궁금하겠지,
어디서 무슨 일이 벌어지고 있는지.

넌 이 사람 저 사람 전화를 걸어대는군.
어떤 친구는 없고 또 어떤 친구는 여기 있어.
이야깃거리는 무궁무진하고,
대화할 시간도 넘쳐나겠지.

넌 그냥 궁금하겠지,
어디서 무슨 일이 벌어지고 있는지.

넌 알게 되었지, 사람들은 어디선가 술을 마시고
어디선가 음악을 듣는다는 걸.
술 마시는 곳에 불러내면
넌 또 술병을 들고 가겠지.

넌 그냥 궁금하겠지,
어디서 무슨 일이 벌어지고 있는지.

거기서 어떤 이는 핏대를 올리고,

또 어떤 이는 일찍 잠에 빠져들었지.
넌 누군가의 옆자리에 앉아
누군가와 함께 술을 마시겠지.
넌 그냥 궁금하겠지,
어디서 무슨 일이 벌어지고 있는지.
넌 그냥 궁금하겠지.

알루미늄 오이
Алюминиевые огурцы

안녕, 소녀들아!
안녕, 소년들아!
창문 너머로 날 쳐다보며
내게 손인사를 해주렴, 그래 그렇게.
물이 스며들지 않는 들판에
난 알루미늄 오이를 심고 있잖아.
물이 스며들지 않는 들판에
난 알루미늄 오이를 심고 있어.

츄끄치* 현자 세 사람은
내게 이렇게 계속 중얼거리지.
"쇳덩이는 열매를 맺지 않는 법,
애를 써 봐도 얻는 게 없다오.

---
* 북동 시베리아의 유목민

결과는 모두 헛수고일 뿐이라오."
하지만 물이 스며들지 않는 들판에
난 알루미늄 오이를 심고 있잖아.
물이 스며들지 않는 들판에
난 알루미늄 오이를 심고 있어.
하얗고 부실한 다리가
제멋대로 휘청거려.
무릎팍이 콕콕 쑤시며 저려오는 거야,
물이 스며들지 않는 들판에
어째서 내가 알루미늄 오이를 심는지
그 비밀을 풀 욕심에
물이 스며들지 않는 들판에
난 알루미늄 오이를 심고 있어.

압핀, 클립, 널빤지,
바람구멍, 흰 빵, 포크.
나의 트랙터가 이곳을 지나가면
저금통 속으로 들어오겠지,
물이 스며들지 않는 들판에
내가 알루미늄 오이를 심는
그곳으로 들어오겠지.
물이 스며들지 않는 들판에
난 알루미늄 오이를 심고 있어.

햇살 가득한 날들
Солнечные дни

창문 아래 하얀 먼지 겹겹이 쌓여갈 때
난 모자를 쓰고 털양말을 신지.
어디에도 편한 구석 없어, 통풍을 앓으며 맥주를 마셔대.
어떡하면 너를 향한
그리움에서 벗어날 수 있겠니, 햇살 가득한 날들아?
햇살 가득한 날들아.
햇살 가득한 날들아.

손발 꽁꽁 얼어도 편히 앉아 쉴 곳 없어.
이 계절은 끝없이 이어지는 밤을 닮은 거야.
난 따뜻한 욕조 속으로 들어가고 싶어.
어쩌면 따뜻한 욕조가 너를 향한
그리움에서 벗어나게 해줄지 몰라, 햇살 가득한 날들아?
햇살 가득한 날들아.
햇살 가득한 날들아.

겨울 추위에 휘둘려 몸져누워 잠을 자.
가끔은 겨울이 영원할 것 같은 생각이야.
여름이 오기까지 그 긴 시간을 근근이 참겠지.
어쩌면 이 노래가 너를 향한
그리움에서 벗어나게 해줄지 몰라, 햇살 가득한 날들아?

햇살 가득한 날들아.
햇살 가득한 날들아.

백수건달
Бездельник

난 혼자 싸돌아다녀, 싸돌아다녀.
앞으로 무슨 일을 할지는 나도 모르겠어.
집도 없고, 집에 사람도 없어.
마치 고철처럼 쓸모없는 인생이야, 우—우.

나는 백수건달, 오, 어머니, 어머니.
나는 백수건달, 우—우.
나는 백수건달, 오-오, 어머니, 어머니.

군중 속에서 난 건초더미 속의 바늘.
또다시 아무 목표 없는 인간.
빈둥빈둥 하루 종일 싸돌아다녀.
난 모르겠어, 난 정말 모르겠어.

나는 백수건달, 오-오, 어머니, 어머니.
나는 백수건달, 우—우.
나는 백수건달, 오-오, 어머니, 어머니.

백수건달 2
Бездельник 2

하루 종일 집에 있을 틈이 없어.
쓸데없는 일로 바쁘고, 말장난도 해대지.
아침마다 난 다시 새 삶을 시작해.
삶이란 어떻게 돼먹은 건지 알 수가 없어.

새 날이 시작되면 난
어두운 표정을 떨치고 철면피로 돌아다녀.
다시 밤이 찾아들면 나는
내일을 위해 잠자리에 들지.
그리고 모든 것은 처음부터 제자리야.

나의 두 다리는 두 팔과 몸을 끌고 다녀.
나의 머리는 폼으로 붙어있어.
술에 취한 것처럼 난 거리를 휘젓지.
머릿속은 온통 헛소리와 잠꼬대로 가득해.

취직해야 한다고 모두가 충고해.
하지만 내 자신으로 남고 싶을 뿐이야.
이제는 화내기도 힘들어졌어.
그리곤 군중 속에 휩쓸려 걸어가지.

새 날이 시작되면 난
어두운 표정을 떨치고 철면피로 돌아다녀.
다시 밤이 찾아들면 나는
내일을 위해 잠자리에 들지.
그리고 모든 것은 처음부터 제자리야.

교외선
Электричка

어제 난 아주 늦게 잠자리에 누웠고, 오늘 일찍 일어났어.
어제 난 아주 늦게 잠자리에 누웠고, 거의 잠을 자지 못했어.
당연히 아침 일찍 병원으로 달려가야만 했지.
하지만 지금 교외선은 내가 원치 않는 곳으로 나를 실어가.

교외선은 원치 않는 곳으로 나를 실어가.
교외선은 원치 않는 곳으로 나를 실어가.

승강구는 추운데도 한 순간 포근하게 느껴져.
승강구는 담배연기 가득해도 상쾌하게 느껴져.
어째서 난 말이 없고, 어째서 담배를 피우지 않을까? 난 침묵하네.

교외선은 원치 않는 곳으로 나를 실어가.
교외선은 원치 않는 곳으로 나를 실어가.
교외선은 원치 않는 곳으로 나를 실어가.

8학년 여학생
Восьмиклассница

너와 난 둘이서 황량한 거리 어딘가를 향해 걸어가네.
나는 담배를 피우고 넌 사탕을 입에 물지.
가로등은 오래전 빛나고 있는데, 영화구경을 가자고 넌 계속 보채네.
하지만 널 물론 선술집으로 이끌지.

8학년 여학생아.

지리시험에서 C학점을 받았다고 너는 투덜투덜.
하지만 그 말을 듣고 난 그냥 침을 뱉고 말아.
너 때문에 어떤 녀석이 거기서 얻어터졌다고 조잘댈 때
생각에 잠겨 난 침묵하고 말아. 그리고 우리는 조금 더 산책하지.

8학년 여학생아.

엄마의 루즈, 언니의 구두.
나한테 넌 가벼운 상대인데, 너한테 난 자랑스러운 존재군.
넌 너의 인형과 풍선을 무척이나 아껴대.
하지만 너희 엄만 정확히 10시면 너의 귀가를 기다려.
8학년 여학생아.

나의 친구들
Мои друзья

난 집으로 돌아갔어. 언제나 그렇듯 다시 혼자서.
우리 집엔 나 혼자지만, 갑자기 전화벨이 울리기도 하고,
사람들은 쾅쾅 문을 두들기며 그만 일어나라
거리에서 고함치고 술 취한 목소리로 밥 달라 떠들어대.

내 친구들은 언제나 씩씩하게 몰려다녀.
버스정류장은 포장마차 옆에만 있지.

우리 집은 보통 비었지만, 지금은 사람들로 북적거려.
가끔씩 친구들이 술 마시러 쳐들어오지.
어떤 친구는 한동안 화장실을 독차지하고 유리창을 깨기도 했어.
난 아무래도 좋아, 받아들이겠어.

내 친구들은 언제나 씩씩하게 몰려다녀.
버스정류장은 포장마차 옆에만 있지.

비웃을 일 전혀 아닐 때도 난 냉소를 퍼부어.
사람들이 절대 지금처럼 살지 말라고 할 때면
그땐 몹시 화가 나.
아니, 왜 안 된다는 거야? 내가 그렇게 살잖아?
그런 충고에 난 아무 대꾸도 하지 않아.

내 친구들은 언제나 씩씩하게 몰려다녀.
버스정류장은 포장마차 옆에만 있지.

시타르 연주소리가 들려왔어
Ситар играл

시타르* 연주소리가 들려왔어...

돈이라면 사족을 못 쓰던 조지 해리슨** 이
만트라*** 소리를 듣더니 넋을 잃어
배표를 사서는 델리로 길을 떠났지.
그의 귓가엔 항상 시타르 연주소리가 맴돌았어.

그 악기는 누가 연주했을까? 누구의 시타르 소리일까?
라비 샨카르**** 가 직접 연주했었어.

시타르를 손에 들고 코끼리 등에 '연꽃' 자세로 앉았었지.

시타르 연주소리가 들려왔어.

조지 해리슨은 염주 열두 개를 샀어.

---

* 인도, 아프가니스탄, 이란, 중앙아시아 등의 민속현악기. 비틀즈는 시타르를 자신들의 연주에 과감하게 사용하기도 했다.
** 비틀즈 맴버 중의 기타 연주자
*** 4진언이란 뜻. 노란 승복을 입은 인도 밀교 집단이 거리에서 '하리하리 하리오'라고 외치는 주문.
**** 인도의 전설적인 음악가

조지 해리슨은 사랑하며 살겠노라 맹세했어.

그리고 '굿바이'란 말을 내뱉곤 수도의 길로 떠났어.
시타르 연주소리가 들려왔어.

나무
Дерево

난 알고 있어, 내 나무는 일주일도 살 수 없다는 걸.
난 알고 있어, 내 나무는 이 도시를 벗어날 수 없다는 걸.
하지만 난 언제까지나 곁에 있겠어,
다른 일들은 모두 지겨워졌거든.
난 그 나무가 내 집처럼 느껴져.
난 그 나무가 친구처럼 느껴져.
난 나무를 심었어.
난 나무를 심었어.

난 알고 있어, 어린애도 내일 내 나무를 꺾을 수 있다는 걸.
난 알고 있어, 내 나무는 머잖아 날 버릴 거란 걸.
하지만 나무는 아직 멀쩡하고, 난 언제나 그 곁에 있어
난 나무와 함께 기뻐하고 나무와 함께 아파하지.
난 나무가 나의 세계처럼 느껴져
난 나무가 내 자식처럼 느껴져.

난 나무를 심었어.

난 나무를 심었어.

언젠가 당신은 비트니끼*였죠
Когда-то ты был битником

에이, 밀죽에 빠진 당신의 구두는 어디로 간 거죠?

두 줄 단추 양복은 어디에 처박아놓은 거예요?

실내화는 나중에 정리하세요, 아빠.

옛날엔 정리해도 용돈을 주지 않으셨죠

그래도 언젠가 당신은 비트니끼였죠, 우-우-우

언젠가 당신은 비트니끼였죠.

당신은 로큰롤에 영혼을 바치려고 했었죠,

한땐 사진촬영을 하려고 이상한 조리개를 떼셨지만

지금은 텔레비전, 신문, 축구에 빠지셨죠

그래서 늙은 엄마는 당신에게 만족하시죠.

그래도 언젠가 당신은 비트니끼였죠, 우-우-우

언젠가 당신은 비트니끼였죠.

로큰롤 시대는 영원히 가버렸어요,

백발의 머리카락이 당신의 젊은 열정을 진정시킨 거죠.

하지만 나는 믿어요, 그런 믿음을 갖는 것이 기뻐요

---

* 빅또르의 음악 동료인 안드레이 빠노프와 그 동료들로서, 펑크 록에 몰두했으나 자신들은 비트니끼 즉 비트족이라고 부르기를 좋아했다.

당신의 영혼 속엔 옛날의 그 모습이 남아있다는 것을.
그래도 언젠가 당신은 비트니끼였죠, 우-우-우
언젠가 당신은 비트니끼였죠.

부엌에서
На кухне

밤이건 낮이건
잠자는 것도 귀찮아.
앞날이 노란 거야,
이런 젠장.

잠이 오지 않아,
여러 해째 실컷 잤거든.
TV 속 영화는
오래전 끝났어.
나의 집아,
난 네 안에서
죽치고 있어,
마치 나무토막처럼.
불빛이 비치니
잠도 잘 수가 없네.
밤이긴 한데
이 밤도 저 멀리 사라지겠지.

냄비가 놓이고
가스불이 타오르네.
찰카닥-
가스불이 꺼졌어.

잠을 잘 시간이야.
침대에 누워야지.
일어나야 하니까.
내일은 일어나야 하니까.

나는 아스팔트
Я - асфальт

저녁은 평소보다 느릿느릿 찾아들고
아침이면 밤은 별처럼 꺼져가네.
난 하루를 시작하고 밤을 마감하지.
24바퀴 시계바늘이 멀어져가네.
24바퀴 시계바늘이 멀어져가네.
나는 아스팔트.

난 내가 부친 편지를 받았어.
새하얀 편지였지. 그 편지는 너를 기억나게 해.
당신들 중 누가 나를 도울 수 있겠어.

24바퀴 시계바늘이 멀어져가네.
24바퀴 시계바늘이 멀어져가네.
나는 아스팔트.
나는 내 아들, 나의 아버지, 나의 친구, 나의 원수.
나는 이 마지막 걸음을 내딛기가 두려워.
하루야, 떠나가, 떠나가 버려, 밤 속으로 떠나가.
24바퀴 시계바늘이 멀어져가네.
24바퀴 시계바늘이 멀어져가네.
멀어져가네, 나는 아스팔트.
멀어져가네.

깜차뜨까의 지도원
НАЧАЛЬНИК КАМЧАТКИ - 1984

두 번째 공식 앨범이며, 1984년 안드레이 뜨로뻴로가 음향감독을 맡았다. 앨범 「46」은 「깜차뜨까의 지도원」의 데모 음반으로 만들어졌는데 음향감독이 개인적으로 음원을 유출시켜 만들고 첫 앨범 「45」에 이어서 「46(1983)」이란 제목을 붙였다. 그러나 앨범 「46」에 수록된 노래들은 대부분은 두 번째 앨범 「깜차뜨까의 지도원」에 실렸다.

TRACK

1. 마지막 영웅 — *Последний герой*
2. 매일 밤 — *Кождую ночь*
3. 신경안정제 — *Транквилизатор*
4. 새 노래의 주제 — *Сюжет для новой песни*
5. 손님 — *Гость*
6. 깜차뜨까 — *Камчатка*
7. 전기버스 — *Троллейбус*
8. 눈이 그치게 해 주세요 — *Растопите снег*
9. 우리를 위해 내리는 비 — *Дождь для нас*
10. 너와 함께 하고파 — *Хочу быть с тобой*
11. 장군 — *Генерал*
12. 낭만주의자의 나들이 — *Прогулка романтика*

마지막 영웅
Последний герой

밤은 짧고 갈 길은 요원해.
밤이면 자주 술 생각이 들지.
넌 부엌을 뒤져보지만,
고작 가져온 물은 맛이 쓸 수밖에.
여기서 넌 잠을 청하지 못하네.
이곳에서 살고 싶지 않은 거야.

좋은 아침이야, 마지막 영웅아!
좋은 아침이야, 너와 너를 닮은 사람들에게 인사를 보낸다!
좋은 아침이야, 마지막 영웅아!
안녕하신가, 마지막 영웅아!

넌 혼자 남고 싶어 했지만, 그런 생각은 곧 사라졌지.
넌 혼자 남고 싶어 했지만, 혼자가 될 수 없었던 거야.
너의 짐은 가볍지만 팔이 마비되어 버렸어.
그리고 넌 바보놀이를 하려 새벽을 맞는구나.

좋은 아침이야, 마지막 영웅아!
좋은 아침이야, 너와 너를 닮은 사람들에게 인사를 보낸다!
좋은 아침이야, 마지막 영웅아!
안녕하신가, 마지막 영웅아!

아침이 되자 넌 서둘러 길을 떠나려 하는군.
운동부원들 구령처럼 전화벨이 울려대는군!
원치 않는 곳으로 넌 길을 떠나네.
너는 그곳으로 길을 떠나네, 하지만 널 기다리는 사람은 아무도 없어.

좋은 아침이야, 마지막 영웅아!
좋은 아침이야, 너와 너를 닮은 사람들에게 인사를 보낸다!
좋은 아침이야, 마지막 영웅아!
안녕하신가, 마지막 영웅아!

매일 밤
Каждую ночь

사흘만에 비가 무지 내렸어,
억수처럼 비가 퍼부어댔어.
사람들은 여기 남아야 한다고 말해.
사람들은 비가 언제나 그렇게 내린다고 말해.

너는 알겠니, 매일 밤
내가 바다를 꿈꾸는 걸.
너는 알겠니, 매일 밤
내가 노래 듣는 꿈을 꾸는 걸.
너는 알겠니, 매일 밤

내가 바닷가를 꿈꾸는 걸.
너는 알겠니, 매일 밤...

늘 그렇듯 우리는 집으로 귀가해.
사람들은 이 집 저 집 기웃거리지.
우리 둘은 창가에 나란히 자리해.
넌 내가 이렇게 말해주길 바라지

너는 알겠니, 매일 밤
내가 바다를 꿈꾸는 걸.
너는 알겠니, 매일 밤
내가 노래 듣는 꿈을 꾸는 걸.
너는 알겠니, 매일 밤
내가 바닷가를 꿈꾸는 걸.
너는 알겠니, 매일 밤...

신경안정제
Транквилизатор

현관을 나서며 우산을 펼쳤어
흐르는 빗물 위로 걸어갔던 거야
나는 알고 있어, 날씨가 변덕스럽다는 걸
어쩐지 나는 이런 날씨조차 맘에 들어

우--우, 신경안정제.

기상캐스터가 말하더군, 비가 곧 그친다고
날랜 손재주로 라디오를 틀어버렸지
나는 그런 내 성격조차 맘에 들어
나도 맘에 들어, 그런 내 성격이
우--우, 신경안정제.

전차 정거장으로 길을 나서다가
우산을 접었어, 나는야 실험가.
전차는 오가고, 경적을 울리며 멀어지는데
미소를 지으며 집으로 향하지
우--우, 신경안정제.

창문으로 돌을 날렸어, 인드라*의 천둥이 울리듯
그건 너무 재미있는 일
너는 알고 있지, 내게 기분전환이 필요하다는 걸
나는 심리치료를 받아야 해.
우--우, 신경안정제.

※ 천둥과 번개를 관장하는 고대 인도의 무용 신(武勇神), 뇌정신(雷霆神).

새 노래의 주제
Сюжет для новой песни

침대 맡에 앉았어, 금방 목욕탕에서 나왔지,
머리카락은 아직 마르지 않았어.
거리엔 찬바람 몰아치는데, 난 이상하게
일찍 귀가했던 거야.
벽 너머론 텔레비젼이 종알거려.
금년은 너무 빨리 지나가 버렸어.
금년도 작년과 너무 빼닮았어.
난 작년에도 이렇게 앉아 있었지.
혼자서.
혼자서.
혼자서.
새 노래의 주제를 찾으며.

나는 사랑 노래를 부를 줄 몰라,
나는 꽃노래를 부를 줄 몰라.
내가 그런 노래를 부른다면, 그건 거짓말이야.
그럴 거라곤 나도 믿지 않아.

벽 너머론 텔레비젼이 종알거려.
금년은 너무 빨리 지나가 버렸어.
금년도 작년과 너무 빼닮았어.

난 작년에도 이렇게 앉아 있었어.

혼자서.

혼자서.

혼자서.

새 노래의 주제를 찾으며.

손님
Гость

저녁시간. 난 집에 앉아 있어.

지금은 겨울. 지금은 12월.

밤에는 춥겠지.

시계가 정확하다면 그녀는 벌써 곁에 있어야 하는데.

에이, 손님이 되어줄 사람은 누굴까?

차를 마시고 입담배를 피워.

내일은 무슨 일이 생길까 생각해봐.

자신이 원하는 걸 아는 사람에게 질투가 나.

무언가 이룬 사람에게 질투가 나.

에이, 손님이 되어줄 사람은 누굴까?

무슨 일이 있든 내게 말해줘.

날 깜짝 놀라게 해줘, 내게 뉴스를 전해줘.

나를 죽여줘, 나를 웃겨줘.
누가 날 찾아올지 말해줘.
에이, 손님이 되어줄 사람은 누굴까?

깜차뜨까
Камчатка

오, 그곳은 낯선 장소, 깜차뜨까.
오, 그것은 달콤한 단어, 깜차뜨까.
하지만 그 땅에서 난 너를 볼 수 없어.
난 너의 배들을 볼 수 없어.
난 강물을, 다리를 보지 못하고,
말을 찾아 나서지.

오, 그곳은 낯선 장소, 깜차뜨까.
오, 그것은 달콤한 단어, 깜차뜨까.

난 여기서 금광을 찾았고,
난 여기서 사랑을 찾았어.
난 잊으려 애쓰다 아주 잊어버리지.
난 그 개가 기억나, 그 개는 별을 닮았거든.
정말 난 이곳을 다신 찾지 않을 거야.

오, 그곳은 낯선 장소, 깜차뜨까.
오, 그것은 달콤한 단어, 깜차뜨까.

나는 여기서 그들을 볼 수 없고,
나는 여기서 우리들을 볼 수 없어.
나는 여기서 술을 찾다가 제3의 눈을 발견했지.
이 두 손은 참나무, 머리는 납덩이같아.
난 모르겠어, 내가 끝까지 노래를 할 수 있을지.

오, 그곳은 낯선 장소, 깜차뜨까.
오, 그것은 달콤한 단어, 깜차뜨까.
깜차뜨까.

전기버스
Троллейбус

내 자리는 왼쪽이야, 난 거기 앉아야 해.
거기 왜 그리 추운지 알 수가 없어.
벌써 일 년째 함께 타고 다녔지만 난 옆 사람을 몰라.
모두 예상을 하면서도 웅덩이가 나타나면 우린 엉덩방아를 찧지.
그리고는 서로 희망을 품은 채 천장만 바라봐.
전기버스는 동쪽으로 달려가.
전기버스는 동쪽으로 달려가.

전기버스는...

사람들은 모두 형제야, 우리는 먼 친척이지.
우리는 왜 어디로 가는지도 모른 채 타고 있어.
옆 사람은 떠날 수는 없지만, 떠나고 싶어 해.
하지만 떠날 수가 없어, 길을 모르거든.
그래서 우리는 동쪽으로 가는 버스 안에서
어떻게 하는 것이 좋을지 궁리하지.

운전석에는 운전수가 없어, 그래도 전기버스는 달려가.
엔진은 녹슬었어도 우리는 앞으로 달려가.
우리는 숨죽인 채 앉아서 저 멀리 응시해.
별 하나가 운명처럼 한순간 깜빡이는 곳을
우리는 침묵하지만 거기에서 힘을 얻었다는 걸 알지.
전기버스는 동쪽으로 달려가.

눈이 그치게 해 주세요
Растопите снег

가방을 싸야죠, 돌이킬 순 없잖아요.
떠나야 할 때란 걸 알았어요, 나는 떠나야 할 때란 걸.
담배 한 모금 빨고 천장을 올려보죠.
떠나야 할 때란 걸 알았어요, 나는 떠나야 할 때란 걸.

엄마, 오늘 아침이란 걸 난 알았어요.
눈도 계절을 알아챘어요, 눈도 계절을 알아챘어요.
엄마, 오늘 아침이란 걸 난 알았어요.
눈도 계절을 알아챘어요, 눈도 계절을 알아챘어요.

문지방을 나설 때 말발굽소리 내며 눈보라가 몰아치네요.
눈이 그치게 해 주세요, 눈이 그치게 해 주세요.
눈이 날 망쳐놓아요, 눈은 나의 영원한 적이에요.
눈이 그치게 해 주세요, 눈이 그치게 해 주세요.
엄마, 오늘 아침이란 걸 난 알았어요.
눈이 그치게 해 주세요, 눈이 그치게 해 주세요.
엄마, 오늘 아침이란 걸 난 알았어요.
눈이 그치게 해 주세요, 눈이 그치게 해 주세요.

그녀 없인 더 이상 살 수 없어요.
도와주세요, 도와주세요.
그녀의 따뜻한 체온 없인 더 이상 살 수 없어요.
도와주세요, 도와주세요.
엄마, 오늘 아침이란 걸 난 알았어요.
도와주세요, 도와주세요.
엄마, 오늘 아침이란 걸 난 알았어요.
도와주세요, 도와주세요.

우리를 위해 내리는 비
Дождь для нас

우리 집에선 벽이 안보여.
나의 하늘에선 달이 안보여.
나는 눈이 멀었지만, 너를 볼 수 있어.
나는 귀가 멀었지만, 네 목소릴 들을 수 있어.
나는 잠을 자지 않아도 꿈을 꿀 수 있어.
이곳에서 난 아무 잘못도 하지 않았어.
나는 침묵하지만 넌 내 목소릴 듣고 있어.
그래서 우리가 강한 거야.

그리고 다시 밤은 찾아오겠지.
나는 취했지만 빗소릴 들을 수 있어.
우리를 위해 내리는 비야.
아파트는 썰렁해도 여기 우리가 있잖아.
여기 살림은 궁색해도 우리가 있잖아.
우리를 위해 내리는 비야.

너는 내 별을 바라보고 있어.
너는 내가 찾아가리라 믿지.
나는 눈이 멀었어, 빛을 보지 못해.
나는 취했지만, 내 갈 곳은 기억해.
너는 은하수를 바라보고 있어.

나는 밤, 너는 아침의 시작.
나는 꿈, 나는 신화, 하지만 넌 아니야.
나는 눈이 멀었어, 하지만 빛을 볼 수 있어.

그리고 다시 밤은 찾아오겠지.
나는 취했지만 빗소릴 들을 수 있어.
우리를 위해 내리는 비야.
아파트는 썰렁해도 여기 우리가 있잖아.
여기 살림은 궁색해도 우리가 있잖아.
우리를 위해 내리는 비야.

너와 함께 하고파
Хочу быть с тобой

며칠째 우린 해를 보지 못했어.
이 길 위에서 우리의 두 다리는 맥이 풀려버렸어.
난 집에 들어가고 싶어, 하지만 출입구가 없어.
두 손으론 기둥을 찾아보지만 기둥이 없어.
난 집에 들어가고 싶어…
기타 피크를 수없이 갈아야 했어.
수많은 호수를 보았어, 하지만 바다는 보지 못했어.
서커스장 지붕에 매달린 곡예사들에겐 사람들의 함성이 들리지 않는 법.
너는 저 벽 너머에 있지만 나는 문을 찾을 수 없어.

난 너와 함께 하고파...
난 별자리의 경계에서 태어났지만 살아갈 수가 없어.
초속 20미터의 강풍이 밤낮으로 불고 있어.
옛날엔 책을 읽었지만 지금은 불태워버려.
난 더 멀리 가고 싶지만 두 발은 비에 젖어버렸어.
난 너와 함께 하고파...

장군
Генерал

지금 당신은 누구와 어디에 계시죠?
누가 재판관이 되고 싶을까요?
누가 그 이름들을 모두 기억할 수 있을까요?
우린 그것으론 충분치 않아요.
평화를 깨뜨리지 말아요.
이 밤은 너무나 어둡답니다.

제복은 어디에 둔 거죠, 장군이여?
훈장은, 꼿꼿한 그 허리는 어디에 갔죠?
당신 귀엔 벌써 퇴각소리로 들렸겠죠.
그냥 빗방울이 지붕을 두드리는 소립니다, 장군이여.

모두가 도망치겠다는군요.

아무도 영원히 도망치진 못할 겁니다.
병사들이 줄지어 도망칩니다.
모두 열매가 쓰다는 걸 아는 거죠.

제복은 어디에 둔 거죠, 장군이여?
훈장은, 꼿꼿한 그 허리는 어디에 갔죠?
당신 귀엔 벌써 퇴각소리로 들렸겠죠.
그냥 빗방울이 지붕을 두드리는 소립니다, 장군이여.

당신은 잠들고 싶겠지만, 차 한 잔 차려졌고
백 촉짜리 전등 눈부시게 빛나죠.
어쩌면 내일 아침부턴 해가 뜰지 모르죠.
열쇠는 열쇠꾸러미 속에 들어 있죠.

제복은 어디에 둔 거죠, 장군이여?
훈장은, 꼿꼿한 그 허리는 어디에 갔죠?
당신 귀엔 벌써 퇴각소리로 들렸겠죠.
그냥 빗방울이 지붕을 두드리는 소립니다, 장군이여.

낭만주의자의 나들이
Прогулка романтика

창문 너머로 천둥이
창문 저편으로 천둥이 내리쳐

가로등은 번쩍이고 어둠은 변화무쌍.
밤을 바라보니
밤은 어둡군.
그렇다고 그것이 낭만주의자의 나들이를 막을 순 없지.
낭만주의자
낭만주의자.

개구멍으로 빠져나오는 건 끔찍해.
문 걸어 잠그는 소리가 들리고
검은 고양이들이 내 앞길을 지나가더군.
지나가면 어때,
미신 따윈 믿지 않는데,
그렇다고 그것이 낭만주의자의 나들이를 막을 순 없지.
낭만주의자
낭만주의자.

걸어가긴 힘들군,
꽤나 멀리 나왔으니.
손님들 북적이는 파티는
너무나 즐겁고 유쾌했어.
술을 좀 마셨지,
술을 너무 좋아하거든.
그렇다고 그것이 낭만주의자의 나들이를 막을 순 없지.
낭만주의자
낭만주의자.

지하철 전등이 꺼졌을 때
잠에서 깼어.
빨간 모자 쓴 사내가
어깨를 두드린 거야.
이 지하철은 순환선
돌아갈 차가 끊겼군.
그렇다고 그것이 낭만주의자의 나들이를 막을 순 없지.
낭만주의자
낭만주의자.

이건 사랑이 아니야
ЭТО НЕ ЛЮБОВЬ - 1985

1985년 알렉세이 비쉬니가 음향감독을 맡아 얀쉐바 스튜디오에서 녹음되었다. 빅또르의 신낭만주의 시대에 부른 사랑과 증오를 주제로 한 노래들이 실려 있다. 「밤」과 동시에 제작된 세 번째 공식 앨범이다. 끼노는 낮에는 뜨로뻴로 스튜디오에서 녹음작업을 했고, 저녁에는 알렉세이 비쉬냐의 아파트 스튜디오를 찾아다니며 견문을 넓혔다. 비쉬냐의 집에서 많은 사랑노래들을 복사한 빅또르는 녹음 중인 노래들에 수정을 거듭하여 교정할 필요가 있었다. 결과적으로 이 앨범은 매우 밝은 색채를 띠게 되었고 앨범 제작도 단숨에 이루어졌다.

TRACK

1. 이건 사랑이 아니야   *Это не любовь*
2. 봄   *Весна*
3. 떠나버려   *Уходи*
4. 도시   *Город*
5. 이것이 사랑이야   *Это - Любовь*
6. 싸샤   *Саша*
7. 건물 안마당 아이들   *Дети проходных дворов*
8. 파도의 노래   *Музыка волн*
9. 비핵지대   *Безъядерная зона*

이건 사랑이 아니야
Это не любовь

날 거들떠보지도 않고 넌 누군가와 함께
자주 내 곁을 스쳐가지.
그럴 땐 걸음이 멈춰지고 한숨이 절로 나와.
난 네가 이웃 동네에 사는 걸 알아.
넌 유유자적 걸어다니지
유유자적......
오, 이건 사랑이 아니야......

저녁이면 난 너의 창문 아래 서성거리는데.
넌 꽃을 꺾고 있지, 꽃을 꺾고 있지.
날이 저물도록 난 그냥 그 자리에서 연기처럼 식어가.
그건 네 잘못이야, 단지 너의......
오, 그러나 이건 사랑이 아니야......

네가 할줄 아는 건 모두 가르쳐줘.
난 그걸 알고 싶어, 해보고 싶어.
내 꿈이 모두 이뤄질 수 있게 그렇게 해줘.
더 이상 기다릴 순 없어.
죽을 것만 같아......
오, 그러나 이건 사랑이 아니야......

봄
Весна

봄은
떨어지지 않는 코감기.
봄은
다시 빛나는 태양.
그리고 나는 발을 흠뻑 적셨어.
봄,
나는 다시 산책길을 나서지.
봄,
나는 집구석에 틀어박혀 있을 순 없어.
봄,
나는 봄을 사랑해.
고양이들은 마당에서 무슨 노래를 부를까?
아니, 아니, 아니, 아니,
나는 졸리지 않아.

봄,
이젠 맥주를 데울 필요가 없어.
봄,
머잖아 풀들이 자라겠지.
봄,
얼마나 아름다운지 당신들은 알게 되겠지.
봄,
내 머리는 어디로 갔을까?

떠나버려
Уходи

떠나버려, 하지만 전화번호는 남기고 가.
어쩌면 내가 전화할지도 몰라.
도대체 이 번호가 나한테 왜 필요한지
나도 도통 모르겠어.
그리고 네 이름조차
난 벌써 잊어 버렸어.
지금 네 전화번호는 내게
암호나 다를 바 없어.
떠나버려!
전화번호는 남기고 가……

우리 만남은 정말 우연이었지.
거기가 어딘지는 기억에 없어.
우리가 다시 만날 가능성은
거의 제로야.
근데 지금 넌 떠나려 하지 않아.
떠나지 못하겠다 말하지.
떠나버려.
난 너를 사랑하지 않아!
떠나버려!
전화번호는 남기고 가버려……

도시
Город

달력을 바라보네, 곧 겨울이 오는 걸 알거든.
거리는 내 눈 앞에서 색깔을 바꾸고 있어.
나는 노란 단풍나무 울타리 너머로 새들을 바라봐.
나의 스무 번째 가을이 날 미치게 해.

나는 이 도시를 사랑해
하지만 여긴 겨울이 너무 길어.
나는 이 도시를 사랑해
하지만 여긴 겨울이 너무 어두워.
나는 이 도시를 사랑해
하지만 여기서 혼자라는 건 너무나 끔찍한 일이야.
예쁜 꽃무늬 성에 때문에
투명한 유리창이 사라져 버렸네.

창문 너머 가로등이 종일토록 켜있어.
이 시간 나는 두 눈을 믿지 못해, 시계나 믿어야지.
불 지피는 일만으로도 난 지금 무척 바빠.
한 해가 다시 지나가 버렸어.
우리에겐 세월이 얼마나 남아있을까?

나는 이 도시를 사랑해

하지만 여긴 겨울이 너무 길어.

나는 이 도시를 사랑해

하지만 여긴 겨울이 너무 캄캄해.

나는 이 도시를 사랑해

하지만 여기서 혼자라는 건 너무나 끔찍한 일이야.

예쁜 꽃무늬 성에로

투명한 유리창이 사라져 버렸네.

이것이 사랑이야
Это - Любовь

매일 넌 어둠이 내리고야 귀가하지

매일 넌 어둠이 내리고야 장시간 지하철을 타지.

여자들은 항상 도심 한복판에 살아

그래도 넌 함께 있고 싶겠지

하지만 이제 귀가할 시간이야, 어둠이 내렸잖아.

잠에서 깨어나, 이것이 사랑이야

바깥을 내다봐, 이것이 사랑이야

잠에서 깨어나, 이것이 사랑이야……

너희 부모님들은 오래전에 잠드셨어, 어둠이 내렸거든.

넌 잠들지 않고 기다리면 별안간 전화벨이 울리겠지

그리고 넌 그 전화벨에 인생을 걸려 하겠지.

하지만 그녀는 이미 오래전에 잠이 든 거야
도심 한복판에서.
잠에서 깨어나, 이것이 사랑이야
바깥을 내다봐, 이것이 사랑이야
잠에서 깨어나, 이것이 사랑이야….

싸샤
Саша

싸샤는 영웅들과 복수극에 관한
책들을 너무 좋아해.
싸샤는 영웅이 되고 싶었어
그래서 그런 사람이 되었어.
싸샤는 모자를 쓰고 다녀
그 모자엔 타조 깃털이 달려있어
그는 에뻬*를 허벅지에 바싹 걸쳐
손에 쥐고 다녀.
언변도 좋고 단검도 대가인
그는 세상일을 손바닥 보듯 해
그는 먼 길을 달려왔어
불길을 헤치고 온 거지.

---
* 프랑스의 펜싱용 칼 종류

싸샤는 결투를 벌이고
자신의 명예를 지키며
칼로 적을 찌르고
무릎을 꿇으라고 하지.
그는 악당들을
추풍낙엽처럼 쓸어내고
악당들의 재물을
농민들에게 나눠주지.
언변도 좋고 단검도 대가인
그는 세상일을 손바닥 보듯 해
그는 먼 길을 달려왔어
불길을 헤치고 온 거지.

여인들은 싸샤에게 넋을 잃고
싸샤는 여인들에게 넋을 잃지
싸샤는 한밤에 여인들을 찾아다니고
아침이면 떠나버려
그러면 여인들은 높은 창문에서
꽃잎을 뿌리지
그는 공명정대한 전사
그의 발걸음은 가벼워.
언변도 좋고 단검도 대가인
그는 세상일을 손바닥 보듯 해
그는 먼 길을 달려왔어

불길을 헤치고 온 거지.
그는 만돌린을 연주하며 노래해
아폴론처럼 아름다워
싸샤는 키케로처럼
라틴어를 구사할 줄 알아.
난공불락의 장벽이란
그의 사전에 없어
싸샤는 눈빛만으로도
멧돼지를 사냥하지.
언변도 좋고 단검도 대가인
그는 세상일을 손바닥 보듯 해
그는 먼 길을 달려왔어
불길을 헤치고 온 거지.

건물 안마당 아이들
Дети проходных дворов

난 알고 있어, 밤이라면 어두워야 한다는 걸.
아침이면 햇살이 필요하겠지.
언제나 그래왔고 긴긴 세월 그럴 테지.
자연의 법칙이니.
건물 안마당의 아이들은 그걸 알고 있어.

난 알고 있어, 겨울이라면 눈이 와야 한다는 걸.
여름이면 태양이 필요하겠지.
난 그걸 알아, 난 그걸 노래해,
난 기대해,
건물 안마당의 아이들이 내 노래에 귀 기울이기를.
검은 빛깔, 하얀 빛깔, 두 가지 빛깔이 있어.
농도가 더 짙은 경우도 있겠지.
하지만 검은 사람이든 하얀 사람이든
우린 아무 상관없어.
우리는 통로의 아이들,
자신의 빛깔을 스스로 찾아 나서지.

파도의 노래
Музыка волн

나는 보고 있어, 파도가 모래 흔적을 어떻게 지우는지.
나는 듣고 있어, 바람이 이상한 노래를 어떻게 부르는지.
나는 듣고 있어, 나무 현금이 어떻게 연주되는지.
파도의 음악아, 바람의 음악아.
파도의 음악아, 바람의 음악아.

여기선 말하기 힘들어, 아스팔트가 무엇인지.

여기선 말하긴 힘들어. 자동차가 무엇인지.

여기선 물을 손으로 허공에 뿌려야 해.

파도의 음악아, 바람의 음악아.

길 잃은 사람이 누구인지, 너희들 중에 누가 기억할까?

웃으며 노래했던 사람이 누구인지, 너희들 중 누가 기억할까?

너희들 중 누가 개머리판의 차가움을 느끼며 기억할까,

파도의 음악아, 바람의 음악아?

비핵지대[*]
Безъядерная зона

이 주제 속엔 어떤 위선이 숨어있어

하지만 이 말을 이해할 사람들을 어디서 찾을 수 있을까?

장롱 뒤편에서 삶을 교육받은 소년아,

지금 너는 태양을 보고 있어, 가져, 네 거야!

나는 우리 집이

비핵지대라고 선언해!

나는 우리 아파트 마당이

비핵지대라고 선언해!

나는 우리 도시가

---

* 이 노래는 '나는 우리 집을 선언해'라는 제목으로도 알려져있다.

비핵지대라고 선언해!
나는 선언해...

우리 아파트의 벽들은 너무 부실해
하지만 누구도 모두를 위해 어깨로 받치진 않아

나는 우리 집을 보고 있어, 나는 분필을 들었어
자물쇠는 없어, 하지만 난 열쇠를 가졌어.
나는 우리 집이
비핵지대라고 선언해!
나는 우리 아파트 마당이
비핵지대라고 선언해!
나는 우리 도시가
비핵지대라고 선언해!
나는 선언해...

밤
НОЧЬ - 1986

그룹 '끼노'의 네 번째 공식앨범이다. 1985년 여름에서 1986년까지 뜨로뻴로 스튜디오에서 녹음되었고, 1986년 출시되었다. 그러나 이 앨범은 국영음반사인 '멜로지야'사가 빅또르나 끼노 그룹과 아무 협의도 하지 않은 채 무단으로 LP로 출시하여 물의를 일으켰다. 저작권 개념이 취약했던 소련에서 벌어질 수 있는 해프닝이었다. 물론 '멜로지야'사는 빅또르와 '끼노' 그룹에 한 푼의 저작료도 지불하지 않았다.

TRACK

1. 우린 밤을 보았어 — *Видели ночь*
2. 영화 — *Фильмы*
3. 유리벽 속의 인생 — *Жизнь в стеклах*
4. 엄마는 무정부상태 — *Мама Анархия*
5. 별들은 여기 머물겠지 — *Звезды останутся здесь*
6. 게임 — *Игра*
7. 우린 춤추고 싶어 — *Мы хотим танцевать*

우린 밤을 보았어
Видели ночь

집집마다
하나씩 둘씩
모두 불이 꺼졌을 때
우린 집을 나섰어.
마지막 전차가
저 멀리 떠나가더군.
택시는 다니지만
우린 무일푼이어서
택시를 탈 수 없었어.
걷고 있는 사람은 우리들뿐이야..
녹음기엔 카세트가
다 돌아갔어, 다시 되돌려.

우린 밤을 보았어.
먼동이 틀 때까지 밤새 돌아다녔어.

공중전화를 찾아봐,
너희 아파트에
문이 잠겼다고 말해.
신발은 벗어야지,
살금살금 다녀야 하거든.

담배도 있고 성냥도 있고
포도주도 한 병 있군. 그 술은
모두가 잠들 때까지
기다릴 수 있게 하고
모두가 잠들었다 믿게 해주지.
여기엔 우리 둘 뿐이야.

우린 밤을 보았고
밤새 돌아다녔어
먼동이 틀 때까지……

영화
Фильмы

너는 내 눈을 바라보는군.
너는 내 눈을 바라보는군.
깜깜한 극장 실내가 내 영혼을 짓눌러.
우린 영화관을 나왔지
우린 영화관을 나왔지.
너는 거기 남고 싶겠지만
너의 꿈은 깨져버렸어.

너는 그런 영화들을 너무 좋아해.

나는 그 노래들을 알고 있어.

너는 영화관을 너무 좋아해.

우린 함께 시간을 보낼 뻔했군.

너는 내 눈을 바라보지만

나는 그냥 앞만 바라봐.

너는 내가 영화배우를 닮았다고 띄우는군.

너는 나를 붙잡지만 나는 집으로 돌아가.

뒤끝이 나쁠 줄은 알았지만

이렇게 빨리 올 줄은 몰랐어.

너는 그런 영화들을 너무 좋아해.

나는 그 노래들을 알고 있어.

너는 영화관을 너무 좋아해.

우린 함께 시간을 보낼 뻔했군.

너는 내가 영원히

너와 함께 해주길 바라지

너는 네가 노래할 때 내가 들어주길 바라지.

날 좀 내버려둬, 날 좀 내버려둬,

날 좀 내버려둬.

날 감동시키려 하지 마.

너는 그런 영화들을 너무 좋아해.

나는 그 노래들을 알고 있어.

너는 영화관을 너무 좋아해.

우린 함께 시간을 보낼 뻔했어.

유리벽 속의 인생
Жизнь в стеклах

어두운 거리는 나를 끌어당기네.
나는 여인 X처럼 그 도시를 사랑하지.
거리에서 사람들은 모두 홀로 걸어가.
나는 문을 닫고 아래층으로 내려가지.

내 인생이 여길 지난다는 걸 난 알아.
유리벽 속의 인생.
나는 유리벽 속으로 사라져버려.
유리벽 속의 인생.

그렇게 나는 걸어가, 사람들도 나와 함께 걸어가.
그들을 쳐다보면 패션몰 같다는 생각이 들어.
지난밤 별똥별을 닮았어.
하지만 별들은 돌처럼 우리 텃밭에 떨어졌지.

내 인생이 여길 지난다는 걸 난 알아.
유리벽 속의 인생.
나는 유리벽 속으로 사라져버려.

유리벽 속의 인생.

바람은 내 우비 자락을 펄럭이고
다시 건물 하나 보이는군, 넌 나를 만날 거야.
내 담배 불똥이 어둠 속으로 날아가네.
넌 오늘 황제의 하루를 맞을 거야.

내 인생이 여길 지난다는 걸 난 알아.
유리벽 속의 인생.
나는 유리벽 속으로 사라져버려.
유리벽 속의 인생.

엄마는 무정부상태
Мама Анархия

한 군인이 귀향길에
아이들을 만났어.
"너희 엄마는 누구니, 얘들아?"
병사가 물었어.

"엄마는 무정부상태이고요."
"아빠는 포트와인* 잔이죠!"

---

* 싸구려 포도주

그 아이들은 모두 가죽잠바를 입었고,
그 아이들은 모두 키가 작았어.
군인은 그냥 지나치고 싶었지만
그건 쉬운 일이 아니었어.
"엄마는 무정부상태이고요."
"아빠는 포트와인 잔이죠!"

아이들은 군인과
너무 재미있는 말장난을 했던 거야.
엄마, 아빠한테 빨간색, 파란색을 덧칠했고
못된 험담을 했던 거야.

"엄마는 무정부상태이고요."
"아빠는 포트와인 잔이죠!"

별들은 여기 머물겠지
Звезды останутся здесь

어두운 유리창은 싫어
창밖의 하늘도 캄캄하니까.
들어보내줘, 문 좀 열어줘.
나는 흑해 같은 널 꿈꾸고 있어.
따뜻한 흑해 같은 너를.

창밖에는 비가 내리지만,
나는 믿을 수 없어.

나는 그물에 걸려든 거야.
빠져나올 수 없어.
너의 시선은 마치 전기처럼 날 감전시키고 있어.
별들이 떨어지면 모두 여기 머물겠지.
영원히 여기 머물겠지.

우리 모두의 마음 속엔 늑대가 잠자고 있어.
우리 모두의 마음 속엔 야수가 잠자고 있어.
춤을 추고 있을 때
나는 놈의 울음소리가 들려.
우리 모두의 마음속엔 흑심이 있는 거야.
하지만 주위엔 빈자리가 많은데
우린 왜 그냥 서 있는지
나는 이해할 수 없어.

나는 그물에 걸려든 거야.
빠져나올 수 없어.
너의 시선은 마치 전기처럼 날 감전시키고 있어.
별들이 떨어지면 모두 여기 머물겠지.
영원히 여기 머물겠지.

게임
Игра

너무 늦었어. 모두 잠들었어. 너도 잘 시간이야.
내일 아침 여덟시엔 게임이 시작돼.
내일 여덟시엔 해가 뜰 거야.
아침의 진한 홍차, 꽁꽁 언 얼음길.
게임 규칙은 두 가지, 위반하면 지는 거야.
내일 아침이면 밤을 꼬박 새운 걸 후회할 걸.

하지만 지금은 나무들이 가지를 흔들어 유리창을 두드려.
너는 누워 한숨 잘 수도, 이 밤을 죽일 수도 있지.
누워 잠들기엔 아직 이른 시간.
짐승처럼 나무들이 어두운 유리창을 할퀴어대.

침대 맡 시계는 종소리, 바늘소리, 태엽소리
들릴 듯 말 듯 울리는데
이 집의 사람들은 오래전 잠들었어.
단지 수도꼭지에선 방울방울 물이 떨어지고,
단지 시간 속에선 째깍째깍 하루가 떨어지니
벌목하러 숲을 가도 나무 밑동만 보겠지.

하지만 지금은 나무들이 가지를 흔들어 유리창을 두드려.
너는 누워 한숨 잘 수도, 이 밤을 죽일 수도 있지.
누워 잠들기엔 아직 이른 시간.
짐승처럼 나무들은 어두운 유리창을 할퀴어대.

우린 춤추고 싶어
Мы хотим танцевать

우리 심장은 신형 엔진처럼 고동쳐.
열네 살 우리들도 알건 다 알아.
당신들이 세상을 모두 부수지는 못할 테니
우리도 원하는 건 모두 하겠어.
태어나기 전부터 우리들 마음속엔 구멍이 숭숭,
그 구멍을 기워줄 재봉사는 대체 어디 간 거야?
그래 우리가 또라이라는 게, 뭐 어때?
우리가 춤추고 싶다는 게, 뭐 어떻다는 거야?

우리 심장은 신형엔진처럼 고동쳐.
우리가 왜 또 뭘 기다려야만 하지.
우리가 원하는 건 모두 하겠어.
그리고 지금, 바로 지금 우리는 춤추고 싶어.
우리는 춤추고 싶어.

혈액형
ГРУППА КРОВИ - 1988

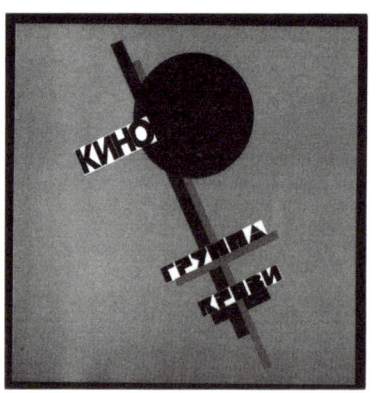

빅또르의 다섯 번째 공식 앨범으로서 그룹 '끼노'의 가장 인기있는 앨범이 되었다. 1986-88년 사이에 홈 스튜디오에서 녹음되어 비쉬니 스튜디오에서 마스터링을 거쳤다. 이 앨범을 통해 빅또르는 언더그라운드의 스타에서 비로소 전 소련을 대표하는 진정한 스타로 발돋움할 수 있었다.

TRACK

1. 혈액형 — *Группа крови*
2. 문 닫아줘, 집 나갈 거야 — *Закрой за мной дверь, я ухожу*
3. 전쟁 — *Война*
4. 엄마, 우린 모두 미쳤어요 — *Мама, мы все сошли с ума*
5. 우리 눈에는 — *В наших глазах*
6. 행인 — *Прохожий*
7. 우리는 다음 행동을 취하겠어 — *Дальше действовать будем мы!*
8. 전설 — *Легенда*

혈액형
Группа крови

이곳은 따뜻해, 하지만 거리는 우리의 발자국을 기다리고.
별빛이 군화에 물드네.
푹신한 안락의자, 바둑무늬 군복, 정시에 당기지 못한 방아쇠.
햇살 가득한 날은 찬란한 꿈속에나 있을 뿐.

소매 위에 새겨진 혈액형.
소매 위에 새겨진 군번.
전투에서 행운을 빌어줘,
행운을 빌어줘,
이 풀밭에 쓰러지지 않기를,
이 풀밭에 쓰러지지 않기를.
내게 행운을 빌어줘,
내게 행운을 빌어줘!

지불할 댓가야 있겠지만, 온갖 희생으로 승리를 얻고 싶진 않아
난 누구의 가슴도 발로 밟고 싶지 않아
난 너와 함께 남고 싶을 뿐이야
그저 너와 함께 남고 싶을 뿐이야
하지만 하늘에 높이 뜬 별은 내게 길을 인도하는군.

소매 위에 새겨진 혈액형.

소매 위에 새겨진 군번.
전투에서 행운을 빌어줘,
행운을 빌어줘,
이 풀밭에 쓰러지지 않기를,
이 풀밭에 쓰러지지 않기를.
내게 행운을 빌어줘,
내게 행운을 빌어줘!

문 닫아줘, 집 나갈 거야
Закрой за мной дверь, я ухожу

사람들은 말하지, 자신들은 절대 위험한 일을 하지 않는다고
그건 집이 있기 때문이지, 집엔 불이 켜 있겠지.
난 잘 모르겠어, 누구 말이 옳은지.
내겐 거리의 빗줄기가 기다리고, 그들에겐 따뜻한 식사가 기다려
문 닫아줘.
집 나갈 거야.
문 닫아줘.
집 나갈 거야.

갑자기 은은한 실내등이 지겨워지면
우리를 찾아와, 함께 비를 맞을 수 있어.
시계를 바라봐, 벽에 걸린 초상화를 바라봐.

창문너머 귀를 기울여봐, 우리의 비웃음이 들리지.
문 닫아줘.
집 나갈 거야.
문 닫아줘.
집 나갈 거야.

전쟁
Война

내게 보여줘, 내일을 확신했던 사람들을
내게 그려줘, 이 길에서 죽어간 사람들의 초상화를
내게 보여줘, 군대에서 살아남은 사람을
하지만 누구는 출구가 되어야 하고
누구는 자물쇠가, 누구는 열쇠가 되어야 해.

하늘.
땅.
하늘과 땅 사이에는 전쟁!
네가 어디에 있건
네가 무엇을 하건
하늘과 땅 사이에는 전쟁!

어느 곳엔 밤과 낮을 구별하는 사람들이 있고

어느 곳엔 아들과 딸을 둔 사람들이 있고
어느 곳엔 삶의 공식을 믿는 사람들이 있어.
하지만 누구는 장벽이 되고, 누구는 장벽을
뒤흔드는 건달이 되겠지.
하늘.
땅.
하늘과 땅 사이에는 전쟁!
네가 어디에 있건
네가 무엇을 하건
하늘과 땅 사이에는 전쟁!

엄마, 우린 모두 미쳤어요
Мама, мы все сошли с ума

씨앗이 대지에 떨어졌어요.
씨앗은 비를 원하죠.
씨앗은 비가 필요한 거죠.
내 가슴을 열어봐요, 그 속을 들여다봐요.
활활 타오르는 걸 보실 거예요.

하루가 지나면 늦어요.
한 시간 후면 늦어요.
잠시 후면 이미 일어나지 못해요.

열쇠가 자물통에 맞지 않으면
어깨로 문을 부숴버려요.

엄마, 우린 모두 중병에 걸렸어요.
엄마, 난 알아요, 우리가 모두 미쳤다는 걸.
손가락 사이에 쇠고리를 끼고
주먹을 움켜쥐죠.
육체에 고통을 안기는 주먹질은 펜보다 강하거든요.
대신 맹독이 정맥을 마비시키죠, 천천히.
평화는 파괴되고, 이마는 깨지고, 빵은 반쪽 나죠.
그러면 어떤 이는 울고, 어떤 이는 침묵하고,
또 어떤 이는 너무나 기뻐하죠. 너무나 기뻐하죠.

엄마, 우린 모두 중병에 걸렸어요.
엄마, 난 알아요, 우린 모두 미쳤다는 걸.

넌 강해져야 해, 넌 이렇게 말할 줄 알아야 해.
'저리 손 치워, 저리 비켜서!'라고.
넌 강해져야 해, 아니면 무엇 때문에 존재하겠니?

주먹 센 것이 그리 중요하다면
수천 마디 금언이 무슨 소용이 있겠니?
넌 강가에 서서 '헤엄을 칠까, 말까' 고민하고 있는 거란다.

엄마, 우린 모두 중병에 걸렸어요.
엄마, 난 알아요, 우린 모두 미쳤다는 걸.

우리 눈에는
В наших глазах

걸음을 멈춰요, 떠나지 마세요!
우린 여름을 기다렸는데, 겨울이 찾아왔군요.
우린 집집마다 돌아다녔지만 눈이 내리고 말았어요.
우린 내일을 기다렸죠.
매일매일 내일을 기다렸죠.
우린 오랫동안 두 눈을 커튼 뒤에 숨겼어요.

우리 눈에는 '전진!'이란 외침이
우리 눈에는 '멈춰!'란 고함이
우리 눈에는 한낮의 탄생과
등불의 죽음이
우리 눈에는 별이 가득한 밤이
우리 눈에는 실낙원이
우리 눈에는 굳게 잠긴 문이 들어 왔어요.
자넨 뭐가 필요하지? 자, 선택해!

우린 갈증이 났지만, 물은 없었어요.

우린 빛을 원했지만, 별은 없었어요.
우린 빗속을 돌아다녔고 웅덩이 물을 마셨죠.
우린 노래를 원했지만, 가사가 없었어요.
우린 잠자고 싶었지만, 꿈을 꿀 수 없었어요.
우린 상복을 입었는데, 오케스트라는 축가를 연주했어요.
우리 눈에는 '전진!'이란 외침이
우리 눈에는 '멈춰!'란 고함이
우리 눈에는 한낮의 탄생과
등불의 죽음이
우리 눈에는 별이 가득한 밤이
우리 눈에는 실낙원이
우리 눈에는 굳게 잠긴 문이 들었죠.
자넨 뭐가 필요하지? 자, 선택해!

행인
Прохожий

나는 가로수길을 산책해.
아무 것도 필요 없어.
안경이야 썼지만
보이는 사람도 없어.

이봐, 길 가는 행인, 빨리 꺼져.

어휴, 한대 쥐어박기 전에.

나는 연주회에 다니지.
물론 표는 없어.
가을에도, 겨울에도,
봄에도, 여름에도 다니지.
이봐, 길 가는 행인, 빨리 꺼져.
어휴, 한대 쥐어박기 전에.

한밤에 집에 돌아가면
전축을 틀어야지.
이웃사람이 벽 너머로 신음하는 건
악몽을 꾸기 때문이겠지.

이봐, 길 가는 행인, 빨리 꺼져.
어휴, 한대 쥐어박기 전에.

우리는 다음 행동을 취하겠어
Дальше действовать будем мы!

우리는 더 멀리 보고 싶어, 앞집 창문 저 너머로.
우리는 고양이처럼 지내지만 정상적으로 살고 싶어.
우리는 '옳소!' 하며 권리를 주장하러 온 거야.

코트자락 휘날리는 소리 들리지, 우리는……

우리는 다음 행동을 취하겠어!
우리는 다음 행동을 취하겠어!

우리는 태어났어, 신도시의 빽빽한 아파트 단지에서.
사랑싸움에 순진한 맛도 이젠 없지.
우리 옷은 벌써 너무 꽉 끼어,
당신들이 맞춰준 그 옷 말이야.
그래서 이런 말을 해주려 찾아왔지……

우리는 다음 행동을 취하겠어!
우리는 다음 행동을 취하겠어!

전설
Легенда

분노의 외침 목젖에 걸렸네.
하지만 시간이 흘렀고, 그곳엔 외침이 들릴 듯 말 듯.
다만 먼 훗날 어떤 이는 한동안 잊지 못하겠지.
전사들이 비틀대며 풀밭에서 칼을 씻던 일을.

검은 까마귀 떼들이 날개 퍼덕이던 일을.

하늘이 환하게 미소짓다 혀를 깨물던 일을.
살아남은 자의 떨리는 손을.
순간이 별안간 영원으로 변하는 모습을.
노을이 흙에 묻힌 모닥불처럼 타오르던 광경을.
구름 속에서 늑대의 눈빛으로 내려보던 별들의 눈길을.
두 팔을 늘어뜨린 채 누워 밤의 세계로 떠나버린 사람들을.
살아남은 자들이 곯아떨어져 뒤엉켜 잠들던 모습을.

삶이란 단지 하나의 단어.
단지 사랑이 있고 죽음이 있을 뿐이지.
아아, 모두가 잠들어버리면 누가 노래를 부르나?
죽음은 삶만큼 가치 있는 것.
사랑은 기다림만큼 가치 있는 것.

태양이라는 이름의 별
ЗВЕЗДА ПО ИМЕНИ СОЛНЦЕ - 1989

1989년 발레리 레온찌프 스튜디오에서 녹음된 앨범이다. 그룹 '끼노'의 멤버인 가스빠랸과 찌호미로프는 프로듀서로서 참여하여 대성공을 거두었다. 이 앨범은 빅또르의 다른 어떤 음반보다 부드럽고 매끈하게 처리되었다는 평을 받고 있다.

TRACK

1. 가사 없는 노래 — *Песня без слов*
2. 태양이라는 이름의 별 — *Звезда по имени Солнце*
3. 낯선 이야기 — *Странная сказка*
4. 일보전진 — *Место для шага вперед*
5. 담배 한 갑 — *Пачка сигарет*
6. 슬픔 — *Печаль*
7. 4월 — *Апрель*
8. 노크 — *Стук*

가사 없는 노래
Песня без слов

가사 없는 노래, 꿈이 없는 밤.
내 시간의 전부는 겨울과 봄.
모든 별에는 자신만의 조각하늘이
모든 바다에는 비 한 줄기가
모든 사과에는 떨어질 자리가
모든 도둑에게는 도둑질할 물건이
모든 개에게는 몽둥이와 뼈다귀가.
그리고 모든 늑대의 이빨 속에는 증오가.

다시 창문 너머로 하얗게 날이 밝아오고
밝은 날은 나를 전쟁터로 불러내.
눈을 감고 생각하면
온 세상이 전쟁에 휘말린 듯.

가축 떼가 있으면, 목동이 있겠지.
육체가 있으면, 영혼이 있겠지.
발걸음이 있으면, 흔적이 남겠지.
어둠이 있으면, 빛이 있겠지.
그대는 세상을 바꾸고 싶나요?
그대는 세상을 그대로 받아들일 건가요?
자리를 박차고 대열에서 이탈할 수 있나요?

전기의자 아니면 왕좌를 선택할 수 있나요?
다시 창문 너머로 하얗게 날이 밝아오고
밝은 날은 나를 전쟁터로 불러내.
눈을 감고 생각하면
온 세상이 전쟁에 휘말린 듯.

태양이라는 이름의 별
Звезда по имени Солнце

헝클어진 대지 위에
하얀 눈 잿빛 얼음
도로의 올가미를 쓴 도시는
대지에 펼쳐진 조각이불.
도시 위를 흘러가며
구름은 하늘 햇살을 가리는데
도시를 뒤덮은 노란 화염,
도시는 2000살
태양이라는 이름의
별빛 아래 살아 왔네.

2000년의 전쟁
이유 없는 전쟁
전쟁은 젊은이들의 업보

노화방지약.
붉디붉은 피는
한 시간 후면 이미 흙이 되고
두 시간 후면 거기 꽃과 풀이 돋고
세 시간 후면 대지는 다시 생기를 찾고
태양이라는 이름의
별빛으로 뜨거워지네.

우린 알고 있지, 언제나 그래왔다는 걸,
운명처럼 더욱 사랑한다는 걸,
어떤 사람은 다른 법으로 살아간다는 것을,
어떤 사람은 젊은 나이에 요절한다는 것을.
그는 '예스yes'란 말도, '노우no'란 말도
신분도 이름도 알지 못하네.
태양이라는 이름의
별에 그을린 채 그는
꿈이라 여기지 않고
별들에 이르네.

낯선 이야기
Странная сказка

다시 새 날이 시작되자.
다시 탐조등처럼 아침은 창문을 두드리고,
또 전화벨도 울려대네. 제발 꺼 줘.
다시 하늘엔 태양이 보이지 않고,
다시 저 살겠다고 버둥대는 전쟁.
내 생각에 태양은
한갓 꿈에 지나지 않는 것 같아.

유리창에 비치는
불행한 결말의 이야기여.
낯선 이야기여.

빗방울은 기관총처럼 퍼붓고,
거리에는 가을이 찾아오는데,
새털구름 모양의 벽돌담은 철옹성이네.
나무들은 전염병을 앓고
봄에 대한 그리움에 병들고
낙엽들은 거만하게 손짓하며
손바닥에서 날려가네.

창문 너머 저 곳의

불행한 결말의 이야기여.
낯선 이야기여.

일보전진
Место для шага вперед

내겐 집이 있어, 열쇠는 없지만.
내겐 태양이 있어, 구름 속이긴 하지만.
머리가 있어, 어깨는 없지만.
하지만 햇살이 구름을 어떻게 자르는지 알고 있어.
난 어떤 단어를 알아, 문자로 쓰지는 못하지만.
난 숲이 있어, 도끼는 없지만.
난 시간이 있어, 기다릴 힘은 없지만.
그리고 밤은 있지만 거기엔 꿈이 없어.

그리고 또 새하얀 날들
하얀 산들과 하얀 얼음이 있어.
그러나 내게 필요한 건 고작
몇 마디 단어들.
그리고 일보전진을 위한 자리.

내겐 강이 있어, 다리는 없지만.
내겐 쥐들이 있어, 고양이는 없지만.

내겐 돛이 있어, 하지만 바람은 없어.
그리고 물감도 있어, 캔버스야 없지만.
우리 부엌엔 수돗물이 있어.
내겐 상처가 있어, 붕대는 없지만.
내겐 형제들이 있어, 친형제는 아니지만.
그리고 손이 있어, 비록 빈손이지만.

그리고 또 새하얀 날들
하얀 산들과 하얀 얼음이 있어.
그러나 내게 필요한 건 고작
몇 마디 단어들.
그리고 일보전진을 위한 자리.

담배 한 갑
Пачка сигарет

낯선 창가에 앉아 낯선 하늘을 바라봤어.
그런데 아는 별은 하나도 찾지 못했어.
거리를 온통 휩쓸고 다녔지, 이리저리.
고개도 돌렸지만 흔적조차 찾을 수 없었어.

하지만 주머니에 담배 한 갑이 있다면,
오늘 하루가 그리 나쁘지만은 않았겠지.

내게 대지에 그림자를 드리우며 하늘을
비행하는 은빛날개 비행기의 티켓이 있다면.

누구도 죄 짓지 않고 죄인이 되긴 싫겠지.
누구도 남의 소매에 밤을 줍긴 싫겠지.
이 세상에 음악이 없다면 죽음은 아름답지 않아.
만일 음악이 없다면 죽고 싶지 않을 거야.

하지만 주머니에 담배 한 갑이 있다면,
오늘 하루가 그리 나쁘지만은 않았겠지.
내게 대지에 그림자를 드리우며 하늘을
비행하는 은빛날개 비행기의 티켓이 있다면.

슬픔
Печаль

차가운 대지 위에 서 있는 거대한 도시
거기엔 가로등이 켜 있고 자동차들 경적을 울려대네.
도시 위를 뒤덮은 밤.
밤하늘에 떠 있는 달님.
오늘 달님은 한 방울의 피처럼 붉구나.

건물이 서 있고, 불빛이 비치는데

아스라한 풍경이 창문에 어리네.
슬픔은 도시의 어디에서 왔을까?
마치 난 건강하고 생기 넘치는 것처럼 보이네.
마치 난 한숨 따윈 모르고 살아가는 것처럼 보이네.
슬픔은 도시의 어디에서 왔을까?

주변엔 행복이 존재할지 몰라도, 내겐 낌새도 보이지 않아.
주변엔 아름다움이 있을지 몰라도, 내겐 낌새도 보이지 않아.
사람들은 '만세!'하고 소리치네.
사람들은 앞만 보고 뛰어가네.
그리고 사람들 머리 위로 새 날이 밝아오네.

건물이 서 있고, 불빛이 비치는데
아스라한 풍경이 창문에 어리네.
슬픔은 도시의 어디에서 왔을까?
마치 난 건강하고 생기 넘치는 것처럼 보이네.
마치 난 한숨 따윈 모르고 살아가는 것처럼 보이네.
슬픔은 도시의 어디에서 왔을까?

4월
Апрель

대지에 몰아친 겨울추위.
아무리 파헤쳐도 모두 얼음뿐.
내 꿈속에선 낙숫물이 노래하네.
하지만 눈은 장벽처럼 내리고
하지만 눈은 온종일 내리고
그 장벽 너머로 4월이 서 있네.

4월이 찾아오면 봄도 실어오겠지.
회색 구름 흩어지겠지.
우리 모두 4월의 눈동자를 바라보면
수심도 4월의 눈동자로 우릴 쳐다보겠지.
집집마다 대문이 열리면
자네도 그만 편히 쉬게, 서 있어도 소용없네.
우리가 4월의 눈동자를 바라보면
그 눈에서 햇살을 보게 되겠지.

몸뚱이의 상처 따윈 상관말게
발걸음도 무겁지만
가슴 속엔 별빛이 타오르니.
그리고 4월은 죽어가고,
그리고 다시 태어나고,

영원히 찾아오겠지.

4월이 찾아오면 봄도 실어오겠지.
회색 구름 흩어지겠지.
우리 모두 4월의 눈동자를 바라보면
수심도 4월의 눈동자로 우릴 쳐다보겠지.
집집마다 대문이 열리면
자네도 그만 편히 쉬게, 서 있어도 소용없네.
우리가 4월의 눈동자를 바라보면
그 눈에서 햇살을 보게 되겠지.

노크
Стук

기타 연주, 두 손에 느껴지는 전율,
전화 속 목소리는 "안녕! 이젠 자야지…"하고 말해.
못에 걸린 외투, 장롱 속 머플러,
주머니 속 장갑은 "아침까지 기다려요!"라고 아침까지 속삭여.

하지만 낯선 노크소리가 "길 떠나야지!"하고 불러내.
심장소리일까, 문 두드리는 소리일까.
난 문턱에서 돌아서서
"믿어줘!"라고 한 마디 내뱉겠지

그리고 다시 역을 향해서, 다시 기차를 향해서.
그러면 승무원은 다시 시트와 차를 건네겠지

난 다시 잠들지 못하고 다시 열차 굉음 사이로
"안녕!"이란 소리가 들리겠지
하지만 낯선 노크소리가 "길 떠나야지!"하고 불러내.
심장소리일까, 문 두드리는 소리일까.
난 문턱에서 돌아서서
"믿어줘!"라고 한 마디 내뱉겠지

검은 앨범
ЧЕРНЫЙ АЛЬБОМ - 1990

이 샘플링 앨범이 만들어졌을 때 사람들은 「검은 앨범」이란 명칭을 붙였다. 이 앨범은 빅토르 사망 이후에 만들어졌으며, 그 자신이 항상 앨범에 이름을 붙였기 때문에 이 앨범에는 공식 명칭이 없다. 「검은 앨범」에 삽입되는 노래들의 초벌 녹음들을 '하얀 앨범'이라고 부르기도 한다.

TRACK

1. 여름 — *Лето*
2. 뻐꾸기 — *Кукушка*
3. 너의 여자 친구가 아플 때 — *Когда твоя девушка больна*
4. 여름이 끝나가네 — *Кончится лето*
5. 허락해줘 — *Разреши мне*
6. 소년 — *Подросток*
7. 바닷가의 소나무숲 — *Сосны на морском берегу*
8. 개미떼 — *Муравейник*
9. 나와 함께 노래해봐 — *Попробуй спеть вместе со мной*

여름
Лето

도시는 영상 25도, 여름인 거야!
교외선은 인파로 넘쳐나네,
모두 강으로 가는 길이지.
한낮은 두 배, 밤은 너무나 짧아, 여름인 거야!
태양은 맥주잔에 빠져있네
태양은 맥주잔에서 빛나네.

구십 일 하고도 이틀, 여름인 거야!
미지근한 포트와인
종이컵에 따르는 물.
구십 일 하고도 이틀, 여름인 거야!
한 여름의 빗줄기는
뜰채라는 술병에 밤을 따르네.

뻐꾸기
Кукушка

미처 쓰지 못한 노래가 얼마나 될까
말해주겠니, 뻐꾸기야
노래해주겠니?
나는 도시에서 살아야 할까, 정착촌에서 살아야 할까?

돌맹이로 뒹굴러야 할까
아니면 별이 되어
별이 되어 빛나야 할까?

나의 태양아, 나를 바라보렴.
내 손바닥은 주먹으로 변했잖니.
만일 화약을 가졌다면, 내게 불을 붙여다오.
그래 그렇게.

외로운 발자국을 따라갈 사람 누구일까?
힘세고 용감한 이들은 들판에
전쟁터에 누웠는데.
기억이 아련한 사람들은
진지하게 대열에서
대열에서 팔을 힘껏 휘두르네.

나의 태양아, 나를 바라보렴.
내 손바닥은 주먹으로 변했잖니.
만일 화약을 가졌다면, 내게 불을 붙여다오.
그래 그렇게.

자유의지여, 너는 지금 어디로 가버렸니?
곰살대는 새벽을 누구와 맞고 있니?
대답하렴!

너와 함께 하면 기쁘고, 그렇지 않으면 난 불행해.
머리와 인내심 강한 어깨가 채찍 아래
채찍 아래 놓인 거야.
나의 태양아, 나를 바라보렴,
내 손바닥은 주먹으로 변했잖니.
만일 화약을 가졌다면, 내게 불을 붙여줘.
그래 그렇게.

너의 여자친구가 아플 때
Когда твоя девушка больна

오늘따라 너 혼자만 슬픔에 젖어있네.
모두 모여 노래하는데 너 혼자 말이 없네.
입맛도 잃고 극장에 가기도 싫어하네.
술을 사러 상점에나 들러보네.

햇살이 비추어야 풀은 자라건만
넌 그녀에게 필요치 않은 존재라네.
만사가 엉망진창이구나, 엉망진창,
너의 여자친구가 아플 때
아플 때.

너는 고개를 숙인 채 상점을 들러보네

시원한 약수물이 마시고 싶은 것처럼.
그녀는 어딘가에 누워 꿀과 아스피린을 먹는데
너는 혼자 저녁파티로 걸음을 옮기네.

햇살이 비추어야 풀은 자라건만
넌 그녀에게 필요치 않은 존재라네.
만사가 엉망진창이구나, 엉망진창,
너의 여자친구가 아플 때
너는 혼자 저녁파티로 걸음을 옮기네,
너의 여자친구가 아플 때.

여름이 끝나가네
Кончится лето

텔레비젼을 끄고
네게 편지를 써.
내가 더 이상 쓰레기를
볼 수 없는 사실에 관하여.
기운이 다 빠져버렸다는 사실에 관하여.
술을 퍼마셨지만
너를 잊지 않는다는 사실에 관하여.
전화벨이 울리면
자리에서 자리를 박차고 싶었고

옷을 차려입고 밖으로 나왔다는 사실에 관하여
아니, 차라리 뛰어가고 싶었다는 사실에 관하여.
그러나 편지를 보냈던 건 나뿐이야.
병들고 피로에 지쳤다고 난 말했지.
그날 밤은 잠들지 못했어.

답장을 기다려.
더 이상 희망도 없지만.
곧 여름이 끝나가.
그 여름이.
날씨는 다행이었어,
나흘만에 비가 내렸지,
라디오에선
그늘조차 무덥다고 했어.
하지만 내가 있는 그늘은
습하지도 않고 따뜻해.
그래도 나는 지금 겁이 나.
하루하루가 금방 지나가버려,
우린 하루는 먹고 사흘은 마시는 거야.
그냥 우린 즐겁게 살아가.
비록 창문 너머로 비가 내린다 해도.
전축이 고장 나면
나는 정적 속에 앉아
너무나 기뻐하지.

답장을 기다려.
더 이상 희망도 없지만.
곧 여름이 끝나가.
그 여름이.

창문 너머로 비가 퍼부어
마치 수도꼭지라도 틀어놓은 듯.
골목 뒤편 레스토랑은 5년째 문이 닫혀있어.
탁자 위에는 깡통이 놓였고
깡통 속에는 튤립이 꽂혀있어.
창문 위에는 컵이 놓여있어.
한 해 한 해가 그렇게 지나가.
인생이 그렇게 지나가.
샌드위치에 버터가
발라지는 횟수만큼.
그러나 우리에게 행운이 깃들 날은
단 하루라도 가능하겠지, 찾아오겠지.
단 한 시간이라도 가능하겠지, 찾아오겠지.

답장을 기다려.
더 이상 희망도 없지만.
곧 여름이 끝나가.
그 여름이.

허락해줘
Разреши мне

캄캄한 구석에 난 혼자 서 있어.
나한테 무슨 일이 벌어지는지 나도 알 수가 없어.
너무 많은 사내들이
모두 너와 춤을 추고 싶어 해.
너를 집에 바래다줄 수 있게 허락해줘.
너희 집 부엌에 함께 앉도록 허락해줘.
너의 두 눈을 바라볼 수 있게 허락해줘.
나를 그 천국으로 데려가줘.

네가 옆에서 나를 쳐다보니
난 제 정신이 아니야.
미소를 보내기가 두려워.
하지만 네 곁에 머물 수 있게 허락해줘.
푸른 하늘에 비행기들이 수없이 날아도
그중에 한 대만이 가장 아름다운 건
바로 네가 그 비행기를 타고 내게 오기 때문이야.
너를 집에 바래다줄 수 있게 허락해줘.
너한테 슬쩍 손대게 허락해줘.
너의 두 눈을 바라볼 수 있게 허락해줘.
나를 그 천국으로 데려가줘.

소년
Подросток

넌 뒤를 돌아보지만 어떻게 되돌아갈 수 있겠니?
친구들은 한 사람씩 기계로 변해가는 데.
넌 그걸 이미 알고 있지, 그게 너희 세대의 운명이란 걸.
네가 도망칠 수 있다면 그건 니가 잘난 거야.

넌 영웅이 될 수 있었지만 그럴 계기가 없었어.
넌 배신할 수도 있었지만 아무도 배신하지 않았어.
낭만주의 책 한 수레를 읽은 소년아,
죽어야 할 이유를 안다면 죽을 수도 있겠지.

비가 가슴속에 들이치면 어서 비를 피하렴.
그곳을 떠날 희망을 가져봐.
넌 학업에 실패했지만 그저
그만둘 때를 놓친 것 뿐이야.
지금 너는 잠에서 깨어나고 싶겠지, 그건 꿈이 아니야.

바닷가의 소나무숲
Сосны на морском берегу

낯선 도시는 피곤해
그 서먹함은 피곤해
잠이나 자고 싶지만 시간이 없어
다시 창문너머 밤이 찾아오고
다시 어디선가 사람들은 날 기다리겠지
다시 외출 준비를 하고
다시...

하지만 난 네가 다시
그 몇 마디 말을 해줄 거라 믿어
그때 나는 이 눈밭에
흔적을 남기겠어
난 알고 있어, 바닷가의
소나무숲을 다시 보려면
기다려줄 시간이 별로 없다는 걸

골목길은 잠잠하고
발밑에는 피곤한 아스팔트
하지만 지붕을 쓴 도시는 삶을 멈추지 않아
등불들이 먼 하늘의 별보다
더 밝게 빛나지만

등불이 모두 꺼지면 별은 빛나겠지
하지만 난 너를 믿어

하지만 난 네가 다시
그 몇 마디 말을 해줄 거라 믿어
그때 나는 이 눈밭에
흔적을 남기겠어
난 알고 있어, 바닷가의
소나무숲을 다시 보려면
기다려줄 시간이 별로 없다는 걸

개미떼
Муравейник

새 날이 시작되고
자동차들은 이리저리 오가고...
해가 떠올라도 일어나기 싫어
우리에겐 의미 없는 일
개미떼처럼 살고 있어
누군가 팔이 부러져도, 신경 쓸 것 없어
별 일 없을 거야
죽어가겠지, 그렇게 죽어가겠지...
내게 거짓말하는 게 싫어

하지만 진실대로 말하는 것도 피곤해
피난처를 찾아 나서자
사람들은 말하지, 잘 못 찾았다고.
난 이 순간 미친 사람들이
몇 퍼센트인지 모르겠어
하지만 수많은 경우에
눈과 귀를 믿는다면...
우리에게 반대하는 자들에 맞서
우리가 전쟁을 벌일 수 있으면 좋겠지만
우리들 없인 그자들을 물리치지 못해.
우리의 미래는 안개
우리의 과거 속엔 때론 지옥이 또 때론 천국이 있었지
우리의 돈은 주머니에 들어오지 않고
자, 아침이야, 어서 일어나!
내게 거짓말하는 게 싫어
하지만 진실대로 말하는 것도 피곤해
피난처를 찾아 나서자
사람들은 말하지, 잘 못 찾았다고.
난 이 순간 미친 사람들이
몇 퍼센트인지 모르겠어
하지만 수많은 경우에
눈과 귀를 믿는다면...

나와 함께 노래해봐*
Попробуй спеть вместе со мной

거리에 쌓인 눈은 흰빛을 잃었어

눈섞인 물이 흐르는 유리창으로 우린 달님을 바라보지

우리는 걸어가, 우린 강하고 용감하지...

모닥불을 피울

성냥개비들은 얼어붙은 손가락 사이에서 부서지네.

나와 함께 노래해봐

나와 함께 일어나...

나와 함께 노래해봐

나와 함께 일어나...

우리의 시대, 별과 별 사이에서 그걸 찾았어,

불과 물의 신호를, 신들의 시선을.

자, 우리 공사 중인 다리에 한 발을 내딛지

우리는 별들을 믿으니까

모두가 소리 질러, "난 준비됐어!"라고.

나와 함께 노래해봐

나와 함께 일어나...

허약한 인간들은 술에 절어 살아가며

"우리가 부를 노래가 없어!"라고 소리치지

※ 이 노래는 '내일은 전쟁'이라는 제목으로도 알려져 있다.

"거기서나 노래해!"하고 소리치지.
우리는 걸어가, 우린 강하고 용감하지…
모닥불을 피울
성냥개비들은 얼어붙은 손가락 사이에서 부서지네.
나와 함께 노래해봐
나와 함께 일어나…

АЛЫЕ ЛЕНТЫ...
ЗВУК ГИТАР, БЬЮЩЕГО...

ПОМНИМ
ПОЙДОЙ ЖИВ!
ПОМЧИМ

РАДИ ТЕБЯ
ЖИВУ!

그 밖의 노래들

TRACK

1. 나는 변화를 원해 — *Хочу перемен*
2. 나는 사람들 속에 있어 — *Я из тех*
3. 사랑은 농담이 아니야 — *Любовь - это не шутка*
4. 나는 거리를 활보해 — *Я иду по улице*
5. 바로 지금! — *Пора*
6. 십분 전 — *Без десяти*
7. 새가 되어봐 — *Стань птицей*
8. 열대우림 — *Сельва*
9. 나는 보일러공이 되고 싶어 — *Я хочу быть кочегаром*
10. 너는 나한테 — *Рядом со мной.*

나는 변화를 원해*
Хочу перемен

난방 대신에 녹색 유리창

난로 대신에 연기

하루는 달력에서 뜯겨져 나갔다

붉은 태양이 완전히 소멸되고

하루가 태양과 함께 타버리면

그림자가 불타는 도시 위로 드리워진다

우리의 심장은 변화를 요구해

우리의 두 눈은 변화를 요구해

우리의 웃음에서도, 우리의 눈물에서도, 우리의 맥박에서도

변화를! 우리는 변화를 기다려!

전등불은 한낮을 연장시키고

성냥갑은 비었어도

부엌에는 푸른 가스불이 타올라

손에는 담배, 식탁에는 차, 너무 뻔한 공식

우리에겐 그 이상 아무 것도 없어

우리의 심장은 변화를 요구해

우리의 두 눈은 변화를 요구해

---

* 이 노래는 앨범 '마지막 영웅'(1989)에 실려있다. 그러나 앨범 '마지막 영웅'은 빅또르의 히트곡을 중심으로 재구성한 것이며 새로운 곡은 '나는 변화를 원해' 밖에 없어서 부득이 여기에 싣는다. 노래의 주제는 뻬레스뜨로이까 정책에 발맞춰 소비에뜨 사회의 변화를 촉구한 것이다.

우리의 웃음에서도, 우리의 눈물에서도, 우리의 맥박에서도
변화를! 우리는 변화를 기다려!

우리는 총명한 눈빛도
능숙한 손놀림도 자랑할 수가 없어
서로를 이해하는데 그런 건 다 필요없어
손에는 담배, 식탁에는 차, 주변은 그렇게 닫혀있어
그래서 갑자기 무언가 바꾼다는 건 이상한 일이겠지

우리의 심장은 변화를 요구해
우리의 두 눈은 변화를 요구해
우리의 웃음에서도, 우리의 눈물에서도, 우리의 맥박에서도
변화를! 우리는 변화를 기다려!

나는 사람들 속에 있어*
Я из тех

나는 매일 아침 7시경이면 집을 나서 먼 길을 떠나는 사람들 속에 있어
비록 아래층이지만 추위도 더위도 느끼곤 해.
잘 알고 있어, 내일도 어제와 똑같다는 걸.
나는 매일 아침 7시경이면 집을 나서 먼 길을 떠나는 사람이야.
그 아침 시간에 아래층 그곳에선 모든 게 극장과 너무 닮아있어.
나는 칫솔을 들고 창문을 열어봐.

---

* 이 노래는 1982년 녹음되었으나 앨범화되지 않았다. '끼노' 초창기의 실험적 노래다.

모든 것에 익숙해졌어. 이미 오래전 모든 것이 시작되었어.
그래, 틀림없이 그 시간 아래층 그곳에선 모든 게 극장과 너무 닮아있어.

나는 어떤 교통편에 올라타 나를 실어가는 곳을 바라봐.
나는 어떤 교통편에 올라타 나를 실어가는 곳을 바라봐.
내 옆에는 놀러나갔다가 집으로 돌아가는 사람이 앉아있지.
왜 나는 이걸 탔을까, 너와 함께 머물고 싶은 마음 간절했는데.
나는 어떤 교통편에 올라타 나를 실어가는 곳을 바라보는 사람이야.
나는 매일 아침 7시경이면 집을 나서 먼 길을 떠나는 사람들 속에 있어.
그리고 내 방에는 아마도 심술궂은 바람이 불겠지.
그리고 이 노래에는 아무 의미도 없어, 이 노래는 낡은 거야
나는 매일 아침 7시경이면 집을 나서 먼 길을 떠나는 사람들 속에 있어.

사랑은 농담이 아니야[*]
Любовь - это не шутка

넌 아직 일찍 집을 나서고 너무 늦게 귀가해.
난 하루 종일 심심했어, 유리창으로 마당을 내려다보았지.
난 항상 너와 함께 있고 싶은데.
하지만 지금은 네가 없어. 그래서 내 마음은 어두워.
사랑은 농담이 아니야.
내가 농담하는 게 아니란 걸 넌 알잖아.
넌 4층에, 난 6층에 살고 있어

---

[*] 역시 1982년에 녹음된 초창기의 노래다.

그래서 사탕봉지들이 창문으로 날아들지
네가 집을 나설 땐 난 네 뒷모습을 바라봐.
돌아볼까, 아닐까, 난 네게 손수건을 흔들어.
아파트가 조용해지면 난 네 노랫소리를 들어.

난 장단을 맞춰주고 싶었어.
하지만 리듬을 따라갈 수가 없어.
질문을 쏟아내며 난 네 눈을 바라봐.
하지만 그 눈은 내게 "아니"라고 말하지.
내가 아직 살아있다는 게 난 놀라워.

나는 거리를 활보해
Я иду по улице

녹색 양복을 차려입고 거리를 활보해
이 구두가 난 마음에 쏙 들어
게다가 멋진 넥타이도 맸지
두 시간 동안이나 바지를 다렸던 거야
아침부터 이발소에 앉아있었던 거야
그리고 나는 거리를 활보해, 나 혼자서.
나는 거리를 활보해.
나 혼자서 거리를.

친구가 새 음반을 구했어.
까페에 들러 커피부터 한 잔을 마셔야지.
그리곤 친구 집에 들러야지.
진열대 거울에 비친 내 모습은 정말 버디 홀리를 닮았더군.
아버진 곧 자동차를 물려주시겠지.
나는 거리를 혼자 활보해.
나는 거리를 활보해.
거리를 나 혼자서.

바로 지금!
Пора

독서는 유익한 것
하지만 다이나마이트처럼 위험하다는
그런 생각 삐기던 때가
언제였는지 기억나지 않아.
오늘 나는 영화구경이 지겨워.
그 영화는 벌써 어제 봤거든.
그리고 매일 한낮이 밤을 기다리듯, 난 '바로 지금!'이라 말할 때를 기다려.
문을 열 때야.
불을 켤 때야.
멀리 떠날 때야.
바로 지금!

---
* 미국의 로큰롤 개척자. 1959년 비행기 사고로 사망했다.

만일 내가 혼자라면 어떻게 살아갈지 모르겠어.
가을은 단지 아름다운 새장,
하지만 난 이미 거기 있었던 것 같아.
거기서 사십 일을 보냈고, 오늘은 이미 어제가 아니지.
난 떠나겠어, '바로 지금!'이란 한 마디가 적힌 쪽지를 남긴 채로
문을 열 때야.
불을 켤 때야.
멀리 떠날 때야.
바로 지금!

십분 전
Без десяти

9시까지는 출근해야 해.
하지만 지금은 십분 전. 이제 겨우 눈을 떴지.
식탁엔 아침밥이 차려있어. 난 식탁을 떠날 수 없어.
분명코 9시까진 출근할 수 없겠지.
지금은 아직 아홉시 십분 전.

시말서엔 병원에 들렀다고 해야지
시간도 잘못 알았다고 변명해야지.
직장에서 모두 욕할 테면 하라지.
직장에서 모두 욕할 테면 하라지.

지금은 아직 아홉시 십분 전.

새가 되어봐
Стань птицей

자신의 하늘에 사는 새가 되어봐
상상속의 감옥보다 끔찍한 건 없잖아
새가 되어봐, 빵에 연연하지 마
나는 길이 될 거야

맑은 바닷물을 나는 잊지 않아
투명하게 타오르는 가스 불을 보고 있어
심장이 되어봐, 내 몸 속에서 고동쳐봐
나는 피가 될 거야

무슨 일이든 하겠어, 내가 할 수만 있다면
책이 되어봐, 손에 잡아봐
노래가 되어봐, 자신의 입술 위에 살아봐
나는 노랫말이 될 거야

열대우림*
Сельва

너는 상아탑을 세웠어

너는 남방의 신처럼 미소 지었지.

너는 충고를 한 귀로 흘려들었어

그래서 무너져 내렸지…

저런-저런-저런-저런-저런

무너졌어, 무너졌어

저런-저런-저런-저런-저런

모래 속으로 와르르.

저런-저런-저런-저런-저런

우리 열대우림은 너무 건조한 모래땅이야

저런-저런

너는 몰랐지

충고를 듣지 않았기 때문이야, 아미고스.**

너는 정원에, 세밀리*** 정원에 바나나를 심었어

너는 남방의 신처럼 미소 지었지.

너는 충고를 한 귀로 흘려들었어

저런-저런-저런-저런-저런

시들어 버렸어, 시들어 버렸어

---

* 비공식 앨범 '46'에 실렸으나 공식 앨범 '깜차뜨까의 지도원'에서는 빠진 노래다. 빅또르의 노래에서는 찾기 힘든 레게 풍으로 작곡되었다.
** 스페인어로 '친구'라는 뜻
*** 체코 보헤미안 지방의 마을

저런-저런-저런-저런-저런
세밀리의 정원이 시들어 버렸어
저런-저런-저런-저런-저런
우리 열대우림은 너무 건조한 모래땅이야
저런-저런
너는 몰랐지
충고를 듣지 않았기 때문이야, 아미고스.
너는 우물을 팠어. 물은 어디에? 없어.
너는 남방의 신처럼 미소 지었지.
너는 충고를 한 귀로 흘려들어
그러니 너의 우물은 말라있는 거야...
저런-저런-저런-저런-저런
말라있어, 말라있어

저런-저런-저런-저런-저런
완전히 말라있어
우리 열대우림은 너무 건조한 모래땅이야
저런-저런
너는 몰랐지
충고를 듣지 않았기 때문이야, 아미고스.

나는 보일러공이 되고 싶어
Я хочу быть кочегаром

한 건 하러 뒷골목을 쏘다녔지
매일 저녁 아홉 시쯤이면.
그러다 출구를 찾은 거야.
보일러공이 되고 싶어.
이틀 건너 하루만 일하거든.

이 노래는 보일러공의 록.
이 노래는 보일러공의 록.
이 노래는 보일러공의 록.
이 노래는 보일러공의 록.

너는 나한테
Рядом со мной.

네가 매일 전화해대니
난 어쩔 줄을 모르겠어.
이미 옛날의 내가 아니란 걸
어떻게 이해시켜야 할까.
옛날엔 널 사랑했어
하지만 이젠 가슴이 떨리지 않아.
우리가 처음 만난 그때부터

이제 곧 일 년이 다가오겠지.
하지만 너는 나한테
너무 촌스러워.

다신 그런 식으로 찾지 말라고
여러 차례 말했었지.
그래도 넌 하나도 이해 못해.
아무 변화도 보이지 않아.
일 년 내내 가르쳤는데
그동안 헛수고만 한 거야.
농담이라 생각했겠지
그래서 이해하지 못한 거야.
하지만 너는 나한테
너무 촌스러워.

빅또르 최의 삶과 음악
태양이라는 이름의 별

초판인쇄 2012년 06월 11일
초판발행 2012년 06월 18일

지은이 이대우
펴낸이 김선명
디자인 오경화
편 집 김영실
펴낸곳 뿌쉬낀하우스
주소 서울시 중구 신당동 429-13 리오베빌딩 3층
전화 02)2237-9387
팩스 02)2238-9388
이메일 pushkinbook@naver.com
홈페이지 www.pushkinhouse.co.kr

출판등록 2004년 3월 1일 제 2004-0004호
ISBN 978-89-92272-35-3 03800
Copyright ⓒ 이대우. Published by Pushkinhouse. Printed in Korea.

* 저작권법에 의해 보호를 받는 저작물이므로 무단 전재와 무단 복제를 금합니다.